你的感受
不是你的感受

找回心靈自由，
不受他人左右的「自我暗示」練習

大嶋信賴 - 著
林佩玟 - 譯

前言

你曾有過被別人「牽著鼻子走」的經驗嗎？

- 太認真看待別人的言論，結果每件事都反應過度。
- 會因為對方些微的表情或言語，而覺得自己是不是被討厭了。
- 會因為對方當下的態度，在評價上有一百八十度大轉變，例如：從「他是個懂我的好人」變成「他是個什麼都不懂的爛人」。
- 如果對方回信比較慢，或是社群平臺沒有人按讚，就會覺得很不安。
- 就算不喜歡，還是會按照別人我行我素的步調行動，因而備感壓力。

以上全部都是「被他人牽著鼻子走的狀態」。

在戀愛、職場人際關係、家庭等關係之中，如果做每件事時都太過在意旁人的情緒，就會有「被牽著鼻子走」的感覺。

我自己從孩提時代起就常會覺得「某某討厭我！」或是「某某老師瞧不起我！」經常想著：「為什麼我會被討厭、會被瞧不起呢？」並為此煩惱。

就算下定決心「不要再顧慮別人的想法了！」但只要對方的態度稍微讓我覺得「他討厭我」，就又會反覆繞著之前的想法打轉。

「顧慮別人的想法」究竟是什麼意思？

當我和案主一起思考這個問題時，漸漸發現了「人該怎麼做才能自由自在生活」的答案。

來找我諮詢的案主中，有許多人會過度解讀旁人的言行舉止，或是明明覺得討厭卻又一直配合對方，而造成不滿；或是即使一個人獨處，也會想起其他人的言行舉止而導致怒氣不斷累積。

談論到「容易被別人牽著鼻子走」這個現象時，乍看之下，許多人會認為這是個人的個性問題；但事實上，我認為如果不將人際關係的影響納入考量，就找不到這個問題的答案。

雖然社會學學者已經闡明過「人類會互相影響」這個事實，但卻沒有一本書是由精神科醫師和心理學學者做出相關說明。

原因在於：精神科醫師和心理學學者的研究關注的是「個人」。

本書中儘可能不使用專業術語，為讀者介紹「就算心裡覺得不滿，卻總還是被別人牽著鼻子走的原因」，以及能破解這種情況的「暗示」。

乍看之下很玄妙的「暗示」可以發揮以下效果：「讓自己不再輕易受到別人不好的影響」、「就算發生討厭的事也能順利轉念」、「改變自己或別人的『先入為主』，創造良好人際關係」。

我在本書中說明的是精神科醫師和心理學學者鮮少研究的領域，初次閱讀的讀者或許比較難以接受。

但即使本書不怎麼能讓你靈光乍現，如果各位讀者可以抱著「也許有這麼回事」的想法繼續閱讀下去，我也會十分感謝。

隨著一次次使用暗示，你就能從「虛偽的自我」之中解放，實際感受到「真正的自由」。

希望有更多人能透過閱讀本書，獲得真正的自由。

目次

第1章 你總是被別人牽著鼻子走嗎？

第2章 不知不覺間產生的權力關係真面目

第3章 脫離「自己很沒用」的幻覺

第4章 將那個人瞬間變成「好人」

第5章 不再因他人的言行舉止而動搖

插圖　森下emiko
版型設計　山之口正和（tobufune）

第 1 章

你總是被別人牽著鼻子走嗎？

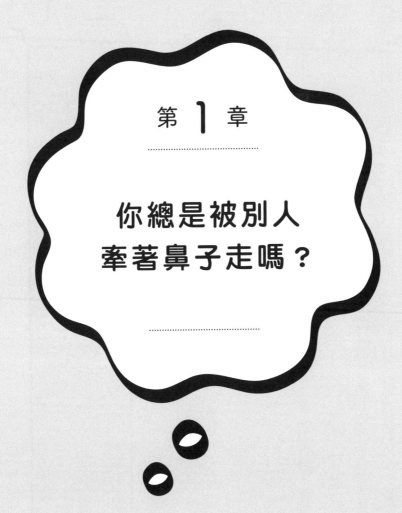

1 你總是習慣壓抑自己，以別人為優先嗎？

不想被別人討厭、不想讓別人生氣……

回過神時，才發現自己總是只在意別人的情緒。

而且會在腦海中重現和「那個人」的對話，反省自己是不是向對方發了脾氣，或是「不小心說了什麼難聽話」，結果時間就白白浪費了。

老在意自己是不是「被對方討厭了」或「被瞧不起了」，但是不論多努力想方設法不被討厭、不被瞧不起，腦海中浮現的，還是只有被討厭、被瞧不起、被輕視這些負面感受。

我自己從孩提時代開始，就總是習慣先顧慮別人的感受。每當我想釋出善意，而顧慮對方的想法、為對方做些什麼時，就覺得自己很吃虧。所以我下定決心不要再太和善，但又常發覺自己還是先顧慮對方才行動，最後便不由得覺得自己很可悲。

總是會先顧慮別人的人，是體貼對方的溫柔好人。但如果老是因為顧慮他人而浪費自己的時間，或陷入自我厭惡的情緒，這就本末倒置了。

在第一章中將先帶大家看看，一個人老是被別人牽著鼻子走的原因。

付出善意卻遭背叛!?

這是某位女性案主的經驗。

該位女性曾經提供一份工作給某位正在求職的男性。結果過了一陣子之後，該位男性抱怨「薪資太低」，並到處向其他員工散播公司的壞話。

於是該位女性又後悔又憤怒，覺得自己**「明明是好心才幫忙對方的」**。

她特別為該位男性創造一個其實不必要的職位，讓他從事有給職的工作；結果她的善意不但完全沒有傳達給對方，還被對方說一些有的沒的，因而受到傷害。

發生這件事之後，該位男性的事一直在她的腦海裡打轉，讓她總是滿腔怒火，甚至無法入眠。

事實上，這位女性在其他人際關係中也發生過好幾次類似的事情。只要設身處地為對方著想，付出善意，就會被背叛或是受到傷害，並因此對對方充滿怨懟。

但只要對方帶著友善的笑容接近，她又會再次為對方著想、付出善意，最後又同樣遭到背叛、傷害，而陷入怒火之中。

乍看之下，大家會認為：「我已經對對方那麼好了，所以不是付出善意的我有問題，而是背叛人的那方有問題吧？」

但其實這不是對方的問題，而是「自己」的問題。

一旦站在對方的立場，「替」對方做一些他所追求的事，只要那愈是件好事，就愈容易發生對方「怪獸化」，恣意牽著我方鼻子走的現象。

以戀愛關係來看，這種現象經常出現在和任性的另一半交往的人身上。姿態擺得愈低，對方就愈是得寸進尺，所作所為也愈來愈任性。

不論為對方做什麼，他都無法滿足，要求愈來愈過份，甚至會羞辱付出善意者，讓付出善意者感到痛苦。

付出善意者則在不知不覺間被對方當成「加害者」，成為受到對方打壓的對象。

這不是因為「世道艱難，好人難為」，而是因為這些人**「比起自己的感受，更優先考量對方的感受，而容易被對方牽著鼻子走」**。

站在對方立場就會被牽著鼻子走！

2 心情總是隨著別人的言行舉止起伏！覺得好累……

「咦？剛剛那是什麼意思？」

容易被牽著鼻子走的人會想著「為什麼那個人要說這種話？」並對其中某句話擅自加上自己的解釋。

隨便一句話，就會讓他們過度解讀對方的想法，覺得「那個人看不起我！」而生氣，或是自己批評被人看不起的自己。看到對方的舉動，就擅自聯想到自己身上，原因其實出在「自我意識過剩」。

這是我成為諮商師之後不久的事。

曾經有位酒精成癮的患者喝醉後來到我的診所。其實原本是不應該讓喝醉的患者進入診所，但那位患者說了「我現在真的很想死！」於是我焦急地請院長通融，請他「這次破例讓我聽聽看他要說什麼」，院長便露出意味深長的笑容答應了我的請求。

過度認為「自己是不是做了什麼不好的事」

酒氣沖天的患者進入諮商室之後，只是不停重複相同的話：「我身上沒錢，剛剛空手在公園裡抓了鴿子想要烤來吃。」一副得意洋洋的樣子，說著自己赤手空拳抓鴿子的事蹟。

當然我腦海裡浮現了很直接的疑問：「沒錢的話，怎麼還能喝到醉成這樣？」但患者說他「要死了」，所以我也只能聽他說。

接著患者眼眶含淚地說：「大嶋醫生您人真好！」聽他這麼一說，我坐挺了原本拱著的背，豎起耳朵。

「你總是像家人一樣聽我這種人說話。大嶋醫生真的是好人。」他淚眼汪汪地說道，讓我也忍不住想落淚回握患者的手。不過下個瞬間，患者又睜著惺忪的睡眼自言自語道：「但是大嶋醫生，你有時候也很冷漠啊！」

「什麼？他在說什麼啊？」雖然我很想反問他，但我想：「我的事不重要，應該要聽聽患者說什麼。」於是壓下了自己想問他「我哪裡冷漠了？」的衝動。

但腦海中卻還是想著：「這位患者是因為我冷漠的態度而受傷，所以才會喝酒尋死嗎？」而感到非常不安。但要是向患者確認，他一定會說「就是這樣！」我太害怕了而沒有問出口。

「是我的應對方式太冷漠了嗎？」我在腦中回想過去自己對待患者的方式，試圖再次檢視。

「他是在說因為被院長罵，就沒有多餘時間應對他的那次嗎？」一開始回想，就發現似乎愈來愈多事都符合。

「他說那什麼話，我也是工作很忙很沒時間啊！」我一方面對患者湧現怒意，一方面卻也湧現一股歉意：「萬一因為我的應對方式傷害到患者，那就太過意不去了！」

如果這次喝醉想死是因為我的話，往後我還有資格以臨床醫師的身分繼續執業嗎？我忍不住愈想愈多。

太認真看待對方的言論，導致涉入其中

最後我甚至想著：「如果不能當臨床醫師執業，那活著也沒意思了吧？」回家以後泡在浴缸裡，對患者感到歉疚的情緒仍在腦中揮之不去。罪惡感和自卑感甚至讓我覺得：這麼痛苦的話乾脆一死了之算了。

我垂頭喪氣地想：「只能辭去臨床醫師一職了。」一邊持續不停思考，一星期後腦海裡突然浮現院長的笑臉。

我這才驚覺：「等等，難道這就是過度『涉入』患者心理而感到痛苦？」

太認真看待對方說的話就會「涉入」其中

「涉入」是個類似酒精成癮的專業名詞，指的是「如果太認真看待成癮者說的話，會迷失自我、被對方的情緒牽著鼻子走而陷入痛苦中」的狀態。

我向院長報告：「院長！我那時是因為涉入其中才會感到痛苦對吧！」結果院長笑著說：「你現在才知道嗎？」

院長和其他醫師雖然察覺我已經「涉入」其中，卻打賭我會花多久時間才發現，院長的預測漂亮地猜個正著，他非常開心。

之後院長告訴我：**「太認真看待對方說的話，會被對方的情緒牽著鼻子走，迷失自我而陷入痛苦。」**

3 不知不覺中產生了無形的上下關係

被迫為對方的不開心負責

基於上節提到的「涉入」的經驗，我開始思考「為什麼太認真看待別人說的話會陷入痛苦」，以及「被別人的言行舉止牽著鼻子走的機制」。

大部分的人對別人說的話可以做到左耳進、右耳出。單純的壞話、輕微的批判、給錯方向的建議……。就算有一瞬間覺得不愉快，也能很快就覺得這沒什麼。

但我對別人說的話卻無法聽聽就算了，而是太過認真看待，結果「過度涉入」而陷入痛苦。

看見對方不開心的態度及表情，就覺得「是自己惹對方不高興」，或是「他故意針對我擺出那種態度」，擅自解釋那樣的態度和自己有關係，而產生「我應該要做點什麼」的反應。

但是產生反應的後果，就是必須對原本應該和自己無關的對方情緒負責。

不得不為對方情緒負責的下場，就是兩者之間產生了「上下關係」。

不由得覺得自大的人「好像很厲害！」

這是我以前在企業裡擔任招聘面試官時的事。

面試時有些人即使是為了求職而來，依然非常有壓迫感。上半身斜躺在椅子上，回答問題時愛理不理，提問時卻又一副了不起的態度。

如果是一般人，看到這種旁若無人的態度，大概就是「不錄取」了吧。但是我卻會非常在意這個人，無法不錄用他。

現在回想起來是件很奇怪的事，當時總覺得自己被那個充滿壓迫感的人否定、輕視，所以才想要「讓那個人認同自己的能力」，並認為**「既然能擺出那副充滿壓迫感的態度，他一定可以做到我做不來的困難工作吧？」**因而不顧周遭反對錄取他。

但實際錄用之後，那個充滿壓迫感的人工作能力完全不行。那時我感到很不可思議：「咦？態度那麼囂張，為什麼工作能力那麼差？」

工作能力不行，態度卻還是很囂張，完全沒有一點反省或改善的意思。我想著「是不是我的指導方式不夠好，所以他才無法完成工作？」而拼了命地教他。

但是我愈努力教他，他的態度就愈差，工作也做得更糟。

我想：「也許我拼命過了頭才會這樣？放手讓他自己去做吧。」結果他就完全擺爛不做事了。

過了一陣子之後，他突然說：「這種工作，在你手下根本做不下去！」就辭職了。

「希望這個人認同我！」

看到充滿壓迫感的人，就不由得認為「他是個有能力的人」。這個現象只會出現在「自我評價受他人的態度影響」的人身上。

一般人具備「自己和他人相比，在平均值以上」的健康心態，所以即使充滿壓迫感的人站在面前，也不會認為自己是個「能力不足而被對方看不起的存在」。

然而，想被充滿壓迫感的人認同的人，對自己的評價則會因為對方些微的態度受到影響。

- 我行我素的朋友
- 只考慮自己的利益，強人所難的主管
- 毫不體貼的另一半

和這種人接觸時，你是不是即使感到對方說的話不對勁，也會覺得「對方應該才是對的吧？」

還有，你是不是即使覺得對方怪怪的，也會因為對方的些微態度就心情起伏，被對方牽著鼻子走呢？

如果受到充滿壓迫感的態度壓制，你就會覺得「那個人是不是認為我的能力不如他？」、「想要被那個人認同！」而拼了命努力。

但是愈努力，就愈被充滿壓迫感的人輕視、瞧不起；然後又更謙虛、更努力，卻愈來愈覺得自己很悲慘。這是一個近乎完美的惡性循環。

有些人會說得很簡單：「這樣的話，不要跟充滿壓迫感的人扯上關係不就好了？」不過如果真做得到，就不會這麼辛苦了。

就算心想「絕對不要和那類型的人扯上關係！」就算吃過苦頭之後痛下決心，不知為何卻總是會重蹈覆轍。

4 不要想著「他會生氣是我的錯嗎？」

不斷重複自我反省……

「對方是怎麼看待我？」如果將他人的感受擺在第一位，就會變得看不清「自己真正的感受」。

看不清自己的感受，就會經常顧慮他人的感受，為了「不想被對方討厭」和「讓對方認同自己」而不斷努力。

然而，不管再怎麼努力，也得不到對方的認同與感謝。原因在於：「成功歸於自己，失敗錯在他人」是人類的本性。

當你再怎麼拼命努力，也得不到認同或感謝時，就會開始反省「我哪裡做錯了？」或「是不是因為我說了那種話，才惹對方討厭？」而導致自己愈來愈不安。

但是過了一陣子之後，又會一百八十度轉變為憤怒和怨恨：「為什麼我這麼盡力了，那傢伙還是不認同我，只會把我當笨蛋！」或是「為什麼連一點感謝都沒有！」開始在腦中向對方以牙還牙或報仇。

「我絕對不要再對他這麼好了！」

即使如此痛下決心，隔天再見面時，只要對方稍微親切一點，就又會認真接受，覺得「這個人其實不壞吧？」而靠近他。

然後又在對方不開心時，覺得「是不是我做了什麼不好的事？」不知不覺中再次被對方的情緒牽著鼻子走。

取回失去的「自我」！

如果容易像這樣太認真看待對方的話語，馬上就會涉入其中，被對方的情緒左右，心情跟著大起大落。

就算自己獨處，還是會想著對方的事，不自覺地喪失了「自我」的存在。

乍看之下，這很容易被當作是每個人的個性和言行舉止不同所造成，但事實上，這是「大腦網路」造成的問題。

第二章中將會說明被牽著鼻子走的原因——「大腦網路」的機制。愈了解這個機制，愈能明白「這不是自己個性的問題」。

第 2 章

不知不覺間產生的權力關係真面目

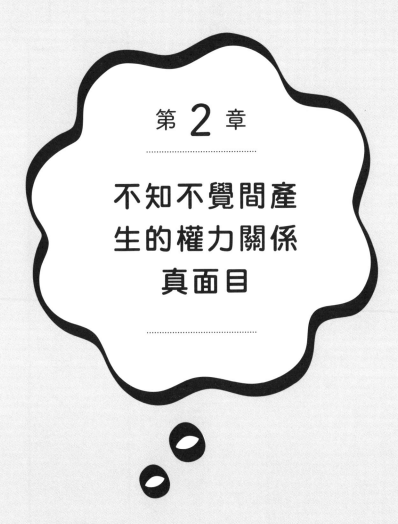

1 原來是別人的不滿與不安「投射」到我身上了!?

旁邊的人一緊張，自己也會跟著緊張……

因對方說的話而心情起起伏伏、過度認真看待批評和壞話、老是配合對方行動……。我們會被他人牽著鼻子走是個性的問題嗎？

這事實上不是「個人個性」的問題，而是「大腦」的問題。

大腦裡有一種叫「鏡像神經元」的神經細胞，會「模仿別人的舉動」。「鏡像神經元」於一九九六年由義大利腦科學家發現，它會讓我們在觀看別人的動作時，大腦自動模仿那個人。

「鏡像神經元」這個名稱，來自於看到別人的舉動後，就會如同「鏡子」般產生彷彿自己也做了一樣動作的反應。

大家有沒有光是待在緊張的人身邊，那種緊張感就傳染給自己的經驗？這是因為只要對方靠近自己，大腦就會自動模仿對方，所以連自己也開始緊張了起來。

不知不覺間被他人的情感入侵

會被別人牽著鼻子走的人很容易覺得問題出在自己身上。但是像別人「傳染」緊張給自己，而不是自己引發緊張的情況又是如何呢？別人傳染給自己的緊張，並不是自己的錯，**想要改變卻又改變不了而痛苦的各種症狀，其實也並不是源自於自己，而是鏡像神經元自動模仿旁人大腦而創造出來的症狀。**

大腦會經常和形形色色的人連結以取得交流，就像是「無線區域網路」一樣。這種人類的大腦會以現代科學無法量測的頻率相互交流的假說，本書中稱為「大腦網路」。

大腦網路會在無意識下相互連結，即使是對自己不利的資訊也會流向自己。這麼一來就會經常受到不安、不滿或憤怒等情緒所困擾，就算本人並不想這樣，做任何事時卻總是將他人放在第一位，簡直就像受人支配一樣。

使用「暗示」就能輕易改變情況！

第二章中將會從「大腦網路」的觀點說明被他人牽著鼻子走的機制。深入理解大腦之後，才會察覺自己至今無論怎麼做都無法改變的內心及行動習慣，而對許多事情恍然大悟。

被人牽著鼻子走的狀況並非無法改變，只要使用「暗示」就可以輕易脫離。

大腦在不知不覺間模仿他人

緊張會傳染是「鏡像神經元」造成的！

「暗示」是指使用催眠療法，利用言語或信號，誘導對方的思考、行動，甚至是感覺的技巧。

受到暗示的對象不會察覺自己的舉動因為暗示而改變，而會相信事情是自然而然發生。

暗示之所以對被牽著鼻子走的人有效，是因為**可以透過暗示，遮蔽或是改寫周圍那些藉由「大腦網路」傳過來的無用訊息，轉變成對自己有利的情況。**

這麼一來，過去窒礙難行的人際關係將有令人吃驚的順利進展，以往陰魂不散的不滿、不安和嫉妒等情緒也會消失得無影無蹤。

那麼首先，就從「大腦網路」開始說明吧。

2 一想「為什麼你要這麼做！」的瞬間就會涉入其中

大腦的「依附」現象

和易怒的對象接觸時自己也會湧現憤怒、和緊張的人在一起自己也會緊張；平常明明粗枝大葉，一旦身旁有神經質的人在場，連自己也跟著神經質起來……。

我們會像這樣因為接觸的對象，導致自己的人格跟著不停改變。

這是因為大腦裡的鏡像神經元發揮作用，像變色龍一樣模仿對方的大腦狀態。

如同先前所述，大腦有個特性是：如果將注意力放在對方身上，就會開始模仿對方大腦的狀態。**「容易涉入其中的人」經常不是專注於自己的感受，而是專注於對方的感受。這樣會導致陷入模仿對方大腦的「依附狀態」，並讓對方的糟糕性格也轉移到自己身上。**

某對夫婦因為先生花心成性來找我諮商。太太是位知性又優秀的女性，她冷靜地詢問：「我先生的花心毛病是否和他過去的創傷有關？」

先生的穿著打扮就像個混混，一臉不滿地焦躁嚷著：「我幹嘛要來這種鬼地方！」

先生似乎平常就時常對太太施加言語暴力，甚至遷怒於孩子。太太找我商量，「希望治療這個厚臉皮的先生花心成性的毛病」。

想要改正先生花心的毛病！

諮商中，太太問先生：「為什麼你在我照顧小孩忙得分身乏術時，還可以蠻不在乎地跟其他女人去喝酒？」

先生臉色大變：「我也很辛苦啊，要和誰去是我的自由吧！」太太責備道：「我因為生產而痛苦的時候，你完全沒有幫忙，那時也是在跟別的女人搞外遇吧！你怎麼做得出這種事？」

結果先生再次變臉：「我才沒有搞外遇！」

接著，每當先生一變臉，原先非常冷靜的太太就會失去冷靜，用字遣詞變得很像先生，陷入混混模式。

最後太太抓狂大罵：「你這種人，我爸媽和朋友都很討厭你！你這麼蠢真是氣死我了！」

先生則是回了一句不知所云的「吵死了！妳還不是只為了我的錢！」

太太說的話，從原先責備先生的**「為什麼你這樣？」**漸漸轉變成「我的朋友也很討厭你」這種破壞家庭的言語暴力。

事實上，思考對方的感受，例如「為什麼這個人會這樣？」、「這個人為什麼要那樣？」」，就是在「依附」對方。

「依附」指的是藉由思考對方的感受，強化與對方大腦網路的連結，導致自己的感受也變成對方的感受，或是出現相同的言行舉止。

當太太去思考先生的感受，希望「能改變先生想法」的那一刻起，就對先生產生了「依附」，不自覺地化身成和先生一樣破壞家庭的「破壞神」。

之前認真為先生著想、挺身支持先生的太太，人格竟有如此大的轉變，這值得深入思考。

一旦責備對方，自己的人格就會被取而代之

一旦關注某人，開始思考他是怎麼想的，就會「依附」對方，讓自己的感受在不知不覺中變成對方的感受；當感受度增強，就會失去控制，這就是這種現象的起因。

大腦一旦透過大腦網路模仿對方的大腦，就會身處對方的感覺之中。所以太太才會像是被沒用的先生套上緊箍咒般，變身為「破壞神」。

一旦關注對方，自己的人格就會被對方取而代之。雖然這只是一套假說，但在下一次的諮商中，讓我確信了「真的有大腦網路的存在」。

沒想到！原本俐落的太太也開始儀容不整，一身小混混的打扮，不但頭髮沒梳整齊，態度也是一副桀傲不馴的樣子。

先生則是將原先的一頭亂髮梳成旁分，打扮清爽如大學生，端正地坐在隔壁。

先生一開口說：「老師，我太太這個樣子請幫我想想辦法！」太太就在旁邊嘴裡嚼著口香糖，一邊嘟囔道：「吵死了！」

「為什麼這個人會這樣？」一旦開始思考對方的感受，就會「依附」對方，不快感也會增強。接著在不知不覺間失去自我，成為「受對方支配的存在」。

一旦開始思考對方的想法，就會「依附」對方

3 傳遞無聲訊息的「大腦網路」假說

「二．六．二法則」必然會發生的原因

現在我們以「勤奮工作的螞蟻」和「不工作的螞蟻」為例，思考「支配者」和「被支配者」的關係。

在螞蟻的世界中，如果一個蟻窩裡有一百隻螞蟻，其中會有兩成（二十隻螞蟻）非常勤奮工作，有六成（六十隻螞蟻）在裝忙，剩下的二十隻螞蟻則是完全不工作，形成這樣的結構。

不可思議的是，即使從不同蟻窩中蒐集勤奮工作的螞蟻組成一百隻，牠們一樣會分為二．六．二的比例，只剩下二十隻螞蟻在勤奮工作。

蟻群並沒有特別召開會議，而是自然而地分成二．六．二的比例。

也就是說，我們可以將螞蟻的腦想成人腦，彼此像無線區域網路般相互連結。更甚者，可以提出勤奮工作螞蟻的壓力是由不工作的螞蟻負責承擔，因而讓牠們「無法工作」的假說。

勤奮工作螞蟻的壓力透過「大腦網路」由不工作螞蟻的大腦負責承擔，所以勤奮工作螞蟻才能持續工作，背負壓力的螞蟻則會感到「無法工作……」而動不了。

被迫做不想做的事

螞蟻的這種現象也可見於人類社會的公司組織中。如果將公司視為「一個團體」，「工作能力差的人」必定會佔約兩成。

這兩成的人被迫透過「大腦網路」背負「兩成工作能力好的人」的壓力，被迫成為「工作能力差、不成材的人」。

在公司裡，這些人會被拿來和工作能力好的人比較，還會被批評「那個人什麼工作都做不好」。

出言批評的人，是在藉由批評工作能力差的人來消除自己的壓力。

被批評的人當然心情會不好，但這不只是單純因為「別人說自己的壞話」，也是因為頂端兩成的人身上的壓力，透過了中間六成的人流向自己的緣故。

雖然當事者會認為「在公司被批評，很火大才睡不著」，但事實上是因為透過大腦網路背負了頂端兩成的人的壓力，又難以負荷那些壓力才睡不著。

受壓力所苦睡不著的底端兩成，又因為睡眠不足導致工作能力更差。

容易成為這種「底端兩成」的人，其實是腦中「緊張開關」壞掉的人。

這些總是高度緊張的人，會在因畏懼對方而處處小心翼翼的瞬間，淪為「二・六・二」底端的兩成，被迫成為承擔壓力的角色。而且會處於總是背負著某人的壓力、被迫做自己不想做的事情的感覺中。

看到這種「心不甘情不願」的人，周遭的人就會對其施加「你只知道怪別人！」或是「你只會依賴別人！」的暗示，這也讓底端兩成的人無法向上流動。

對周遭的人而言，這種（被「暗示」為）會抱怨「自己總是被迫做不想做的事」、依賴又不負責任的人是必要的存在。因為這些人可以替自己承擔身上的壓力。

我們將在下一節詳細探討這類「容易淪為底端兩成，總是處於高度緊張的人」。

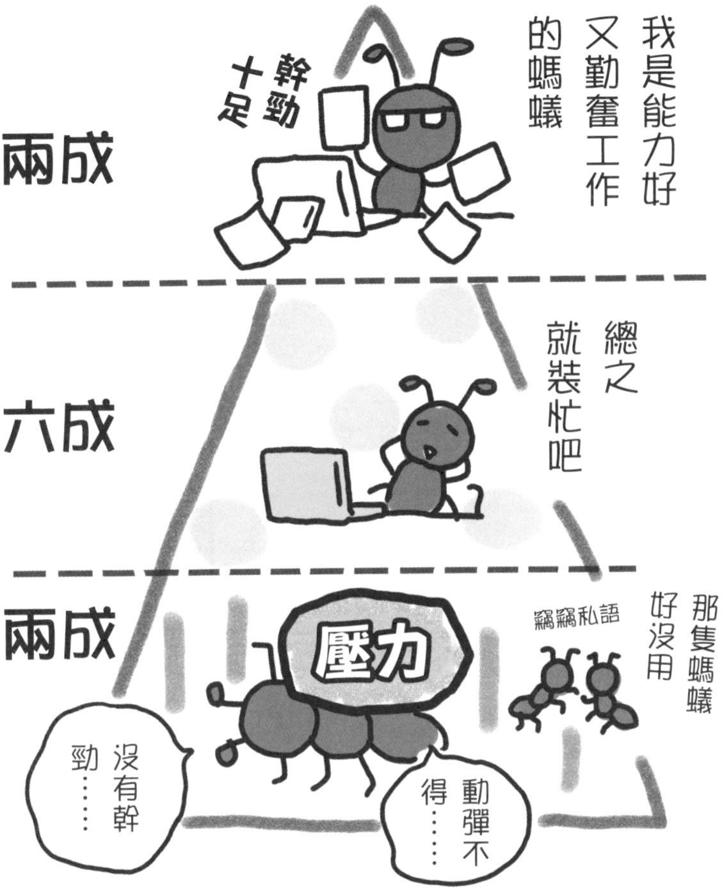

底端兩成的螞蟻承擔了辛勤工作螞蟻的壓力，所以變得動彈不得

螞蟻的世界和人類的世界都一樣！

4 什麼樣的人會受到有壓迫感的人影響呢？

被施予否定式的「暗示」

總是覺得只有自己「老是被迫做不想做的事」、「自己是被害者」的人，有可能是「大腦的緊張開關」壞掉了。

- 在夫妻關係、戀愛關係中總是會配合對方的要求行動
- 職場中老是被迫接受討厭的工作，還吃力不討好

- 在手足關係中，覺得只有哥哥或長女受到寵愛
- 在學校總是屬於不起眼的團體，或是遭受霸凌

會產生這種感覺，事實上是因為在不知不覺間接收了父母或主管、伴侶、朋友否定式的「暗示」，讓自己處於「受支配」的狀態。

小學時，我很害怕老師說：「大家各自分組。」

老師這個指令一出，整間教室就會一陣騷動，彼此要好的同學會瞬間自己分成六人一組。

不知不覺間，只剩我一個人沒有加入任何一組，比較喜歡的同學早已找齊六人，其他朋友也都各自分好組，「沒有可以讓我加入的地方！」這讓我陷入恐慌。

如果在這時哭了，同學們就會覺得「這個人感覺超討厭」，而更加沒有容身之處。

到後來，就算老師幫忙詢問：「有沒有人要讓大嶋同學加入？」也不會有人舉

手。

老師甚至還會繼續追問「有誰呀？都沒有人嗎？」讓我覺得「老師難道是故意要讓我看起來很可憐，才這麼說嗎？」

如果老師說了「那就加入某某同學那組吧」，那組的同學們就會非常不情願地發出「蛤～」地一聲。

學校對我而言，是個非常殘酷的地方。

我以前並不懂為什麼只有自己被欺負，而總是很難過，也一直以為是自己個性差才會被欺負。但其實，會被排擠是另有原因。

小學時被同學排擠也是因為……

在此介紹某個和人際關係有關的有趣實驗。

將剛出生的實驗鼠帶離父母身邊，讓幼鼠在受忽視（棄養）狀態下成長，之後即使再將該幼鼠放入同儕團體中，幼鼠也無法融入團體。

據分析，這是因為在受忽視狀態下「大腦中的緊張開關」壞掉了，而讓幼鼠一直處於緊張狀態之故。

這個現象也可以套用在人類身上。

如果「大腦的緊張開關」壞掉，而一直處於緊張狀態，就會經常畏懼對方、處處在意對方，成為「受支配的人」。

這樣的人容易處於高度緊張狀態而無法和大家打成一片，經常惶惶不安、小心翼翼對待他人，以「避免自己受到攻擊」或是「避免被討厭」。

這麼一來，就會自動產生「上下關係」，出現「支配者」和「被支配者」。當「被支配者」因為處於高度緊張狀態，而變得無法篩選訊息，就會過度認真看待每一句話，成為「被騙」的受害者，也就是「被支配的一方」。

尤有甚者，因為高度緊張畏懼，因此極為不擅長面對充滿壓迫感的對象，無法向對方表達自己的主張，便容易受到支配而被牽著鼻子走。

若是高度緊張便會受到「支配」

事實上，**「緊張程度高低與否」取決於出生不久後。**

在研究前述受到忽視的幼鼠大腦後，發現牠們「大腦裡調控緊張荷爾蒙的開關」壞掉了。

如果是普通的實驗鼠，在產生緊張情緒並達到某個程度之後，「大腦的緊張開關」就會關閉，不會再繼續分泌「緊張荷爾蒙」，且「緊張荷爾蒙」的效果會愈來愈弱，進而讓身心放鬆。

然而受忽視的實驗鼠因為緊張開關壞掉了，不管在什麼狀況下都關不掉，因此會持續害怕「自己會被殺」。

我現在終於明白小學分組時，為什麼會只剩自己無法加入任何一組的原因了。

明明只要逃開就好了，卻做不到

回頭看看自身經歷，聽說我一出生，父親的公司就接連虧損，家中無米可炊，母親四處奔走於遠親間借米。

根據阿姨的描述，母親曾將我放在電視機前自己外出；阿姨下班回家時，只看到我在呈現收播畫面（以前節目播完後畫面會變成一片雜訊和沙沙聲）的電視機前嚎啕大哭。

在我希望母親抱著哄我時，卻得不到擁抱。

我的「大腦緊張開關」可能因此壞掉了，從幼兒期開始就成為一個「容易受支配的人」。

大腦緊張開關壞掉的話，恐懼感就不會消失，無法順利親近他人。

緊張開關壞掉而處於恐懼之中，就會總是顧慮他人的感受、小心翼翼對待，而受到對方的支配。

這種緊張開關壞掉的人，平常就處於高度緊張之中。

問題在於：受到「不愉快」的壓力刺激時，原本應該是緊張荷爾蒙上升，出現「快逃」或是「戰鬥」的選擇，結果反而是緊張荷爾蒙下降，腦袋一片空白，整個人僵住動彈不得。

一般人見到充滿壓迫感的人時，會產生警戒提升緊張度，可以藉由「逃跑」或「戰鬥」保護自己。

但緊張開關壞掉的人在危險者靠近時，反而會整個人僵住動彈不得，導致受對方任意使喚的可能性大增。

容易受到支配並不是「你就是這種心態！」或是「你就是意志不堅定！」的問題。

而是因為在連自己都不記得的嬰幼兒時期，出於某些原因導致緊張開關壞掉，才註定成為「被支配的那一方」。

5

降低接收對方感受的「敏感度」

無法忽略他人些微的表情變化

這是我大學時發生的事。在學校的中庭裡，有位完全不看周圍低頭走路的男性從我的眼前走過。他是我的心理學教授。

為什麼教授要這樣低著頭走路？不久之後教授親口解答了這個謎題：「我只要和別人四目交接，對方的情感就會傳到我這邊來，所以我才低著頭走路。」

過了數十年後，每當案主和我說：「我老是太在意他人的表情。」我就會想到那位教授說的話。

有很多人是因為對旁人的表情和動作過度敏感，苦於人際關係而來到我的諮商室。

上述的心理學教授也是，現在回想起來也許就和我的案主一樣，是「會想像他人的情感，且被情感牽著鼻子走的人」。

為什麼會「忍不住察言觀色」或是「過度了解對方的情感」呢？

孩提時代起就一直在看父母的臉色

某位女性因為**「工作時常因些微表情變化而察覺對方的情緒，結果事情就做不下去了」**，而來找我諮商。

該位女性從小就很在意他人的表情，總是看著父母的臉色過日子。

因此只要看到些微的表情，她就可以察覺對方的情緒，覺得「那個人在生我的氣」而全身僵硬，導致無法提出自己的意見、按照自己的想法工作。

一般人聽到這段話想必會覺得：「那是自我意識過剩吧？」

「自我意識過剩」指的是太過在意他人怎麼看待自己的外表和言行舉止。就算找朋友商量，大概也只會被說「做人不用那麼在意別人」。如果是精神科，大概會說：「那是『關係妄想』！」

「關係妄想」意指將對方些微的舉動看成是給自己的訊息，擅自和自己做連結的症狀，例如：「剛剛那個人用食指摸了我的鼻頭，他一定是喜歡我」，或是「他在我面前眨眼，他一定是在想我」。我從該位女性「孩提時代起就一直在看父母臉色」的一番話，察覺這應該不是關係妄想。

當「真的被瞧不起」成為現實

該位女性工作時，如果說明到一半顧客移開視線，她就會知道「這位顧客應該是瞧不起自己」，也知道對方認為她「年輕且知識不足還敢胡說八道」。

當她顧慮到顧客的這種想法，說明就開始變得亂無章法毫無條理，結果就被顧客怒吼：「妳回去好好學學再來吧！我們沒有時間浪費在妳這種人身上！」於是她就認為她想的沒錯，果然是「被瞧不起」了。

如果是由前輩來應對顧客，因為他完全不在意這些事，因此即使是奇怪的客人，也會在不知不覺間配合前輩的步調，工作上暢行無阻。

但如果是該位女性，因為經常讀懂對方的想法、感受到對方的憤怒，或是同情對方缺乏自信，最後總是跟著對方的步調走，沒辦法讓工作進展如自己所願。

事實上這並不是**該位女性鑽牛角尖，而是該位女性大腦網路很敏感，當她關注在對方身上時，對方的感受就會傳達給她**，因此產生這種現象。

只要不被對方的情感入侵就沒問題

之前已經說明過，大腦的緊張開關壞掉的話，就會在不需要緊張的狀況下持續緊張。

如果大腦緊張過度，就無法調節大腦網路的敏感程度，不停接收周遭的感受，被那些感受牽著鼻子走。

以該位女性而言，她經常發生因為不想搭乘客滿的電車導致上班遲到的狀況。只要搭乘電車，車內乘客的惡意、不安、緊張、恐懼便會傳達給她，讓她很痛苦。她光是想到自己要搭乘的電車上，有著充滿不安、緊張、恐懼等情緒的乘客，就覺得很沉重，早上沒有動力起床、拖拖拉拉，最後上班遲到。

雖然她的大腦網路太過敏感，很容易被他人的感受入侵，但只要默念某個「暗示」，大腦網路的敏感度便會降低，不再毫無節制地接收周圍的感受。

如果是以前，眼前人的感受馬上就會傳達過來；但現在這種現象不再發生，變得可以直接向對方表達自己的想法。

那究竟是什麼樣的暗示呢？

6 只要說出「真心話」，就能扭轉立場！

任意承接情緒，總有一天會搞壞關係

老是在意別人的感受，會讓自己無法說出真心話。

明明是顧慮對方而不說真心話，卻被周遭的人貼上「搞不懂那傢伙在想什麼」的標籤，不知不覺間被塞了好多雜事。

等到察覺時，已經連自己都搞不懂自己的真心話了。

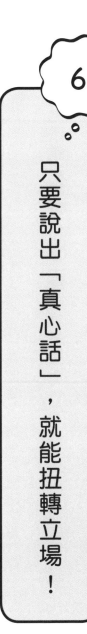

某位男性苦惱於與職場主管之間的關係。他被主管指責「動作很慢」，但事實上卻是主管交代的雜事佔用太多時間，導致拖延到工作進度。

在上一份工作中也是因為被主管塞了太多雜事，讓他忍不住對主管發飆，導致兩人關係惡化才換工作。

如果繼續這樣顧慮主管、忍受那些雜事，又會再次怒氣爆發，破壞彼此的關係。

話雖如此，要是拒絕可能又會被主管討厭，而讓他不敢這麼做。

就在這時候，該位男性認識了「真心話模式」。

這個技巧是：**當自己覺得焦躁或緊張不安時，在心中大喊「真心話模式！」就能說出自己的真心話，扭轉狀況。**

面對推派雜事給自己的主管該怎麼說？

當主管說「你把這些資料整理一下」時，在腦海中大喊「真心話模式！」就能不經意脫口說出：**「現在手上的工作比較重要，請您問問別人。」**

原本以為主管會緊追不放，沒想到他只說了「喔，是嗎？」就很乾脆地離開，並開始自己整理資料。

「真心話真是太棒了！」這讓那位男性感動不已。

當主管焦躁地問他：「你那件工作到底要做到什麼時候？」讓他腦袋一片空白時，他也試著默念「真心話模式！」結果就變得能冷靜回應：「目前進度已經比預定的時程超前了。」

以往腦中千迴百轉卻說不出口，現在則可以在不與主管發生衝突的情況下自然說出真心話。

而且之前總是被主管說：「怎麼到現在都沒辦法自己獨立作業。」在使用「真心話模式！」後，就獲得了「你最近工作表現真不錯」的評價。

明明工作方式幾乎完全相同，但有沒有使用真心話，得到的評價卻完全不同。

顧慮他人，說不出真心話時

使用「真心話模式！」冷靜回答

使用「真心話模式！」依照自己的想法行動

如前所述，螞蟻和人類只要成為群體，一定會自動分成「二．六．二」的階層。兩成是勤奮工作的人、六成是假裝在工作的人，最底端的兩成則因為承擔大家的壓力而無法工作。

所有人的壓力由「底端兩成」負責分擔減輕，因此「頂端兩成」可以勤奮工作，卻沒有人察覺這樣的結構，也沒有人表達感謝。

不只沒有人感謝，底端兩成還因為兼當壓力的宣洩出口，時有被輕蔑、被欺負的情況發生。

但那只在大腦網路中發生，肉眼看不見，因此如果告訴別人「大家都欺負我」或是「我被歧視了」，反而會被說「那是你有被害妄想症」。

「顧慮他人而說不出真心話」正是一個人身處底端兩成階層的證據。因為連結大家的大腦，使壓力不斷流向自己，才會自動顧慮他人，造成只有自己累積壓力。

只要使用「真心話模式！」就能輕易脫離底端兩成，流動至上面的階層。

當自己顧慮他人的感受時，就默念「真心話模式！」即使感受到對方焦躁不安，只要默念「真心話模式！」壓力便不會流向自己，而可以自由行動。

接著，你就能在不知不覺間成為受到顧慮的那一方，能夠依自己的想法做事。

即使不向對方傳達真心話，想要從底端階層向上流動的話，還有在腦中大喊**「救生圈模式！」**的方法。

透過在腦海中大喊「救生圈模式！」就能讓自己逃離頂端兩成流過來的壓力。

這個方法可以讓你一口氣從下層浮升到上層，體驗脫離不愉快的世界。

當你覺得悲慘、覺得被輕視時，在腦中大喊「救生圈模式！」就能夠在無須說出真心話的情況下浮升至上層，依照自己的想法行動。

只要利用「救生圈模式」，就能從底層的泥淖之中飛向有著廣闊藍天的自由世界。請大家一定要試試看「救生圈模式」。

第 3 章

脫離「自己很沒用」的幻覺

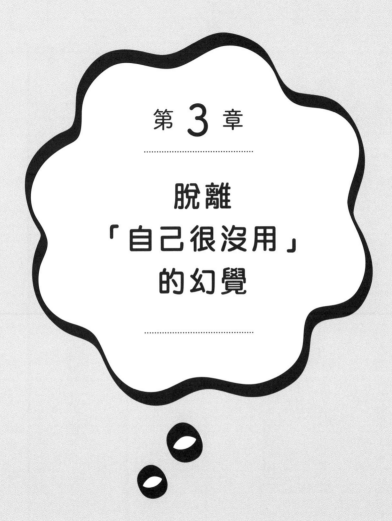

1

感到自卑就會被牽著鼻子走

不管是誰都能隨便利用自己……

如果你常覺得「我總是被人牽著鼻子走」或「我老是被別人隨便利用」，這就會變成一種暗示，讓你在現實中被人牽著鼻子走，或是被人利用。

一般人會認為這個暗示「是你的大腦自己想出來的」；但實際上，這是「旁人的想法」透過大腦網路所「植入的暗示」。

支配者（牽著別人鼻子走的人）認為「這個人很容易被牽著鼻子走」的瞬間，

這個想法就會透過大腦網路傳過來，轉換成「我要被這個人牽著鼻子走了」的自我暗示。最後就會讓人中了暗示，說出像是被對方牽著鼻子走的話，或是做出那類的行動。

說得更直接一點，就算說成是**「對自己的否定式想法，全都是從別人的大腦傳來的否定暗示」**也沒有錯。

這樣釐清之後，只要排除所有否定式想法，就能找回自我並獲得自由。

請想像一下整理家裡的樣子。

「這還要嗎？這不要了嗎？」如果一件一件仔細斟酌判斷，整理起來就沒完沒了。乾脆「全部都不要了」，反而可以輕鬆變得乾淨又清爽。就像這樣，如果出現否定自己的訊號，就都當作「從大腦網路竄進來的否定暗示」，將所有的否定式思考想成「來自他人的暗示」，而不是「自己原有的想法」。

對支配者而言，暗示能夠製造出對他們有利的狀況。因此只要向自己施加相反的暗示，就可以輕易「讓自己不再受支配」。

對公司愛欺負人的前輩施加相反的暗示

我曾經向一位煩惱於「常被公司的老大小姐牽著鼻子走」的女性說明過這件事。

我請那位女性和老大小姐在一起時，只要一覺得「總是只有我被迫做不想做的事」，就主動意識「這是因為大腦網路」，並在大腦中放入「相反的暗示」。

方法就是在心中默念：**「沒想到我會接到那麼輕鬆的工作！」**

原本還能感覺到老大小姐傳來的焦躁感如芒刺在背，一這樣做就消失了。不僅如此，平常尖酸刻薄的老大小姐也開始友善地找她搭話。

聊天時，如果覺得「剛剛好像在裝熟，搞不好會被老大小姐討厭」而感到不安的話，她就會想著「這也是因為大腦網路」，接著對自己施加「沒想到我這個人這麼友善！」的暗示。

一這樣做，剛剛表情還有一點不耐的老大小姐就笑了。

「斷定」和「一口咬定」全都是來自他人的暗示

站在對方立場就會被牽著鼻子走！

該位女性反覆對自己施加自我暗示後，便在不知不覺間發現，她不再在心裡稱呼對方為老大小姐，而是以名字「〇〇姊」稱呼對方。

她很開心地說：「啊~我已經不再受到支配了！」

從「為什麼每次都是我」中解脫

透過他人大腦網路傳來的暗示通常會以「斷定」及「一口咬定」為特徵，**像是「我不擅長某件事」或是「我沒辦法跟上周遭的話題」，這些都帶有「斷定」或「一口咬定」的成分。**

若要中和這種他人傳來的暗示，只要使用相反的語詞，就能從暗示中解脫。

因此，該位女性使用「沒想到」這個詞中和暗示，漸漸從支配的束縛中解脫。

當認為「我這個人就是很容易覺得累」時，若能察覺：「啊，這種思考方式就是『斷定』，是因為大腦網路！」而在腦內中和暗示：「沒想到我這麼有精神！」原本一直覺得倦怠不想動的身體，很快地就會恢復精神。

過去一直認為「自己很容易累，所以無法上健身房」，結果暗示解除後，身體就自動往健身房的方向前進，而且什麼都不想地做完運動，腦袋煥然一新。回到家後，身體完全不覺得倦怠，反而有股舒服的疲勞感。

原先覺得「自己沒有時間」，總是忙得團團轉，但在用「沒想到我有時間耶」中和暗示後，馬上就出現一段完全沒有任何預定行程的空檔，讓人驚覺：「原來真的有時間！」

一想到「這段時間可以拿來做自己喜歡的事！」就會很開心。

中和暗示、從暗示中脫離之後，才會發現受到暗示束縛時是多麼地不自由。

「以前總是只會顧慮別人，被腦中浮現的不安和憤怒牽著鼻子走。現在只要告訴自己那是透過大腦網路從別人那裡傳來的暗示，就可以讓自己變得自由！」該位女性笑著對我這麼說。

2 對外表沒有自信的真正原因

「大家都覺得我長得很醜！」

某位相貌端正的女性來到診所，說：「大家都說我長得很醜！」該位女性告訴我：「每個人，幾乎每個我遇見的人都傳達出一種『這個人的臉好怪！』的感覺。」

事實上也有人當面這麼和她說。

某位女性朋友曾說：「妳的臉太有特色了，應該不太受男性歡迎。」於是她完全失去自信，而無法和男性交往。

該位女性表示：「就算走在路上，路人也會因為我的臉太有特色，露出奇怪的表情，甚至還回頭看我！」

她憤怒地說：「就算我長得醜也不用這樣吧！」

一般人聽到該位女性這番話，應該都會覺得：「搞什麼啊這個女的，有夠惹人厭！」認定她是明明覺得自己很可愛，卻因為想聽別人說：「哪有，妳很可愛啊～」才故意說這種話。

若是一般精神科，大概會將其診斷為「身體畸形恐懼症」這種「覺得自己很醜」的不可思議疾病。

但我腦海中浮現了完全不同的想法。

以前曾有位模特兒身材、非常纖瘦的女性一臉認真地說：「我好胖。」雖然我覺得「哪裡胖啊？」而不想聽她說話，但再仔細聽內容，原來是她在和體型相對圓潤的女性朋友聊天時，產生了「好胖好醜」的想法，於是變得食慾全消。

聽到這番話時，我想起了「大腦網路」。

沒自信的人的特徵

容易被牽著鼻子走的人，有「是我不對」、「我不如人」等看輕自己的傾向。一般人會認為「我在平均之上」，因此不會總是帶著自卑感。

另一方面，容易被牽著鼻子走的人並沒有這種「我在平均之上」的感覺，基本上自卑感較強，也容易隨人或狀況改變價值判斷，有時覺得「我真是天才」，有時又覺得「我是不是很沒用」。

事實上，和別人接觸時之所以覺得「我很沒用」，並不是因為自己能力不如人。

而是因為「大腦網路」接收了對方腦海中「對他自己的否定感」。也就是說，在和某人接觸時，**大腦會擅自接收對方腦內「沒有自信」的「自我否定感」，將其誤認為是自己的想法。**

對現實的認知已經扭曲了

以模特兒身材的女性為例，當模特兒身材的女性坐在女性朋友旁邊時，受到女性朋友自卑感刺激，腦海中便會出現「我比她們還要胖還要醜」的想法。

這是因為自卑感透過大腦網路傳到模特兒身材女性的腦中（也就是模仿了女性朋友大腦的反應），讓她不認為是「對方覺得她自己太胖」，而是將其當成對自己的指責。

結果，就造成了「大家覺得我又胖又醜」的感覺。

事實上，請模特兒身材的女性與身材和自己差不多的朋友見面比較之後，她高興地說：「感覺完全不一樣！」

被母親深植的自卑感

就如同模特兒身材的女性，前面提到的那位容貌端正的女性，可想見她會覺得

「我很醜」，也是基於相同的機制在作祟。

但我覺得背後還藏著更深的問題，於是問她：「令堂的容貌是不是沒有那麼端正？」

結果原先一直微低著頭的她表情突然一亮，告訴我：「對，母親的兄弟長得比媽媽還清秀，所以她對自己的長相感到很自卑。」

這時候，該位女性突然驚覺：「所以媽媽才會對我說『妳的臉好噁心！』或是『眼睛長得好奇怪！』或是『妳的眉毛好怪』啊！」

該位女性因為母親的嫉妒而被惡意批評長相，甚至原本屬於母親的「我長得很醜、很難看」這份感覺也透過大腦網路傳到了她身上。

該位女性走在路上會覺得別人在說她壞話，也是因為旁人看到容貌端正的女性，自卑感受到刺激，這種感覺透過大腦網路傳到該位女性的大腦，而讓她腦海中又響起嫉妒的母親說的壞話緣故。

這更加強化了「大家覺得我長得很醜」的感覺。

事實上，在治療該位女性從母親那裡受到的心理創傷後，「醜」的感覺就消失了。走在路上即使有人回頭看她，她也不再在意了。

這種自我否定感其實不是自己的感受，而是從自卑感受到刺激的別人身上傳來的感受。

此外，愈是努力想要克服自我否定感，愈是容易刺激到對方的自卑感，反而讓自我否定感更加強烈，因此要多加留意。

3 你的大腦只是被他人的自卑感支配了

每天晚上的自我反省大會……

「自己很沒用」的形象，是存在於對方心中的「對方的自我形象」。因為大腦任意模仿，並將其當成自己的形象，才會輕易造成「自己很沒用」的幻覺。

「為什麼我這麼沒用！」每天自我反省、自我批評，回到家以後腦海裡不停想著那天的失言及失敗，非常在意「我是不是讓對方不開心了？」或「我是不是被討厭了？」因此輾轉難眠。

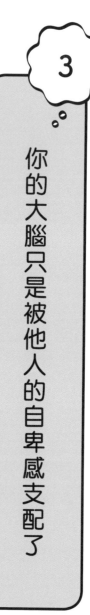

又或者因為在意對方的一句無心之言，不斷想著「那個人為什麼要說那種話？」感到憤怒而失眠。

愈是努力去想為什麼，愈是感到沒用的自己受到否定，覺得自己很悲慘……。

這種情形很容易讓人以為是「自己在演獨角戲」，但事實上因為離開關注的對象後，大腦仍然透過大腦網路進行對話而產生的現象。

大家可能會想：「這樣不就是對方真的在腦中怪罪我，然後傳到我的大腦來，所以我才覺得被責怪了嗎？」因此感到不安。

但事實上，你並不是因為受到對方責怪而覺得自己很悲慘，而是**對方的自卑感和悲慘的感覺透過大腦網路傳了過來，你的大腦擅自將這種感覺轉換成你自身的感受，所以才會覺得自己很悲慘。**

雖然大腦網路會傳來各種對方的感受，但是將傳過來的感受當成「自己的感受」，是一件不正常的事。

如果將「他人的感受」當成「自己的感受」，自己原本的感受就會失去生存空間，讓你對「自己很沒用」深信不疑。

沒有必要「為了改變而努力」

你之所以會覺得「自己沒用」，是因為你將大腦網路傳來的周遭感覺當成是自己的感覺，讓不屬於自己的東西附著在身上，才會看起來不對勁。

那只是幻覺，並非自己原來的樣貌。

但是「『自己很沒用』只是幻覺，不是真正的自己！」這件事並不太容易理解的事。人們很難馬上相信，是別人的感受在不知不覺間透過大腦網路傳到自己的大腦來，讓你誤認為是自己的感受。

所以大家才會努力「想改變沒用的自己」。

但是，愈想著「非改變沒用的自己不可」，反而愈容易刺激旁人的自卑感，旁人的自卑感和嫉妒透過大腦網路流傳過來，讓我們更加深信「自己是自卑感的聚合體」。

愈是掙扎想脫離那種自卑感，就愈深陷於幻覺中不可自拔。

如果那真的是屬於自己的自卑感，那麼就可以努力克服，獲得某些改變；但是來自於他人的自卑感，是無法透過自己努力來改善的。而且不論經過多久，自卑感都不會消失。

反過來說，只要對方的自卑感消失，再怎麼努力也無法消除的自卑感，也會不可思議地在不知不覺間跟著消失。

4 在自己身邊築起一道防護牆的魔法咒語

你認為「我是我，別人是別人」嗎？

有些人明明容貌姣好，卻覺得「比不上別人」；或是明明很優秀，卻擅自站在對方的立場，認為「某某人覺得我能力很差」，一點自信也沒有。

「自己與他人之間沒有一道保護牆」是這樣的人常遇到的問題。

為了讓自己保有自我，每個人都需要一道「我是我，他是他」的保護牆。

少了這面牆，他人的感受就會不斷地流向自己。

這會讓你難以從自己的角度看事情，而會是以別人的角度擅自感受對方的感覺，並以此判斷事物。

所以才會以對方的眼光給自己不好的評價：**「從某某人的角度來看，我這人就是不行！」**

如果保護牆牆太低，就會從別人的角度去比較：**「和某某人比起來我一點也不可愛！」**覺得自己低人一等。

我在學生時代常苦惱於「為什麼我在人群中會這麼沒自信，沒有辦法靜下心呢？」

老是只在意別人的想法，「那個人是怎麼看我的？」或是「這個人瞧不起我！」最後因為老想著「我不要被瞧不起」，反而向對方說了多餘的話，導致自己更加被瞧不起。

明明想著：「不能做那種事！不能說那種話！」但只要一在意對方的想法，就變得坐立難安。

用別人的角度看事情的習慣

如同前面說過的，阿姨曾說我小時候「在一片雜訊的電視機畫面前大哭」，直到母親深夜歸來。

聽到這番話的時候，我已經在唸心理學了，所以不可思議地恍然大悟：「原來這就是我沒有自信的原因啊！」而整個人輕鬆了起來。

「他人與自己之間的保護牆」，是在嬰兒時期被母親抱在懷裡時建立的。母親溫柔溫暖的懷抱和體溫帶來的安全感，會讓小嬰兒知道：「我只要做自己就可以了。」因而能夠在自己與他人之間劃下適當的界線。

如果因為某些原因，讓嬰兒想被抱在懷裡卻無法如願，無法從母親那裡獲得安全感，就會總是處於「我可以做我自己嗎？」的不安中，想要透過母親的角度確認自己。

因為總是不安，所以要依附母親，讓母親的感受成為自己的感受，以獲得安全感。這麼一來，這就會成為一種習慣，經常以別人的角度看事情、下判斷，導致無法築起「自己與他人之間的保護牆」。

只要感到不安，就習慣「依附」對方，從別人的角度確認自己，並自我批評「我這個人就是不行！」所以才無法擁有自信。

這種「人我之間保護牆太低的人」，其特徵是就算受他人稱讚，也沒辦法坦率接受，而是尋找給出最差評價的人，將那個評價認定為「現實」。

與他人之間的保護牆如果高度適中，不論別人說什麼，這類型的人也會認為「我就是我」，以牆壁抵擋否定的評價。

但是牆壁太低的人則總是處於周遭傳來的自我否定感（穢物）中，因此認為「被穢物包圍的狀態就是現實」，深信負面的評價才是「自己真正的評價」。

這事實上只是因為保護牆過於低矮，他人的自卑感和自我否定感因此傳了過來，但這類型的人卻會認為「自己就是穢物」。

默念「自我防護！」就能帶來平靜

因為幼年時沒有形成一道適當的保護牆，才會讓別人的不愉快流向自己。然後誤以為那種不愉快是「針對自己而來」，因此覺得「我這個人很糟」，自我否定感愈來愈強烈。

這時候，只要使用可以形成保護牆的「自我暗示」，就會很不可思議地漸漸充滿自信。

那句暗示的內容就是很白話的**「自我防護！」**

只要一開始在意別人就試著默念，施加自我暗示（「自我防護」只是為了施加暗示、創造自己與他人間適當的保護牆而設計的話語）。

心裡感覺很討厭時，只要想著：「牆壁太矮，所以別人的不愉快傳過來了！」在心中默念「自我防護！」即可。

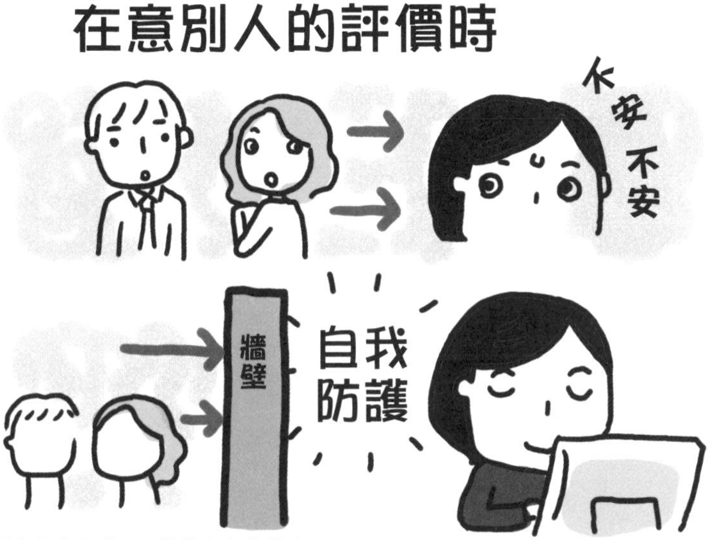

利用「自我防護！」消除心中的雜音

如果腦中響起責備自己的聲音，只要默念「自我防護！」腦海中就會彷彿築起一道牆般，漸漸變得寂靜無聲。

原本腦海中還吵吵嚷嚷、騷動不安，默念「自我防護！」之後，便會在對方和自己之間自然築起一道牆，帶來平靜。

只要持續下去，**就能在他人與自己之間築起一道保護牆，牆裡會漸漸充滿以往不曾有過的自信。**

這麼做就能擁有輕鬆的人際關係

在認識暗示之前，我總是覺得自己身邊老是聚集討厭的人，即使自己以禮以誠相待，還是會受到對方態度惡劣的對待，只留下不好的回憶。

在討厭的人之中，有些人完全不覺得「也許是我不好」，或是「要是傷害到對方他就太可憐了」。他們就是只在乎自己，「沒有良心」的人。

以前我總是會想：「為什麼這個人要這樣對我？」所以失去了自己與對方之間的界線，也因此常讓「沒有良心的人」毫無顧忌地進入我的內心、踐踏我的感受。

不過我發現，只要活用在這裡學到的技巧，就能一步步改善自己的人際關係。

開始想顧慮對方的感受時，只要默念「自我防護！」就能在自己與他人之間築起一道保護牆，劃出一條適當的界線。

雖然會湧現「築牆或劃出界線之後，會不會變成孤獨一人？」這種不安的念頭，但這是沒有良心的人透過大腦網路傳來的陷阱。

一旦牆築好了，就無法再入侵壓榨對方，所以沒有良心的人會為了阻止這種事發生，對你施加「要是築起保護牆、劃出界線，你就會變得很孤單喔～」的暗示。

在開始想要顧慮對方的感受時，只要默念「自我防護！」自然就會充滿自信。這麼一來，沒有良心的人便會離開我們身邊。

在沒有良心的人終於不再接近自己後，我才感受到這道心中的牆壁有多麼重要。

5

詢問你的內心「這真的是我的錯嗎？」

思考總是會造成妨礙

如果試著偷看自己的腦海，「那個做不到，這個也沒做」，或是「我該不會因為對那人很不爽，而對他做了什麼壞事吧？」等等，不安、憤怒還有焦慮的感覺便會接連浮現。

但這些全都是因為自己和他人之間的牆壁低矮，而傳過來的「別人不愉快的感覺」。

人一出生大腦網路便會和他人相互連結，難以區分「他人透過大腦網路傳過來的感覺」和「自己真正感受到的感覺」，想要做回「真正的自己」非常困難。

也因如此，過去的賢者會在完全無法與人接觸的山野或沙漠中閉關修行，以回歸真實的自我。

但是，有一句魔法話語可以讓你輕鬆做回原本的自己。

那就是：「心啊！」

如果有人問：「你現在肚子餓嗎？」腦海中會瞬間浮現：「對，我肚子餓！」或是「不會，我不餓！」

這個就是「想法」。

這個「想法」真的是自己的東西嗎？還是旁邊的人透過大腦網路傳過來的？我們無法區分。如果在問題之前加上「心啊！」這個識別標籤，我們就可以做出區別了（識別標籤就像目標對象身上的醒目標誌）。

詢問自己內心的真我：「心啊！你可以幫助我嗎？」這麼做，內心會給予溫柔的回應，例如：「我當然會幫你。」或是「我總是在幫你喔。」

這就是「心」，**是不受大腦網路干涉，「真正的自己」的答案。**

「心」知道真相

如果詢問「心啊！你可以幫助我嗎？」的時候，發現「嗯？怎麼沒有回應？」就有可能是大腦網路介入干涉了。

這種時候請詢問：「心啊！我和我的內心之間是不是夾雜了干擾？」

如果回應是「有！」或是一片沉寂，就繼續問：「是不是有人在干擾？」在那瞬間浮現的人影，就是正在透過大腦網路干涉你和真正的自己連結的人。

這時就向心請求：「心啊！請排除來自某某人的干擾！排除後請告訴我！」得到「排除完成！」或是「ＯＫ！」的回應後，再詢問一次：「心啊！我和我的內心之間是不是夾雜了干擾？」

呼喊「心啊！」就可以連結「真正的自己」

反覆進行這個排除干擾的步驟，直到獲得「已經沒有了」的回答為止。

消除干擾後，就可以向真正的自己（心）問許多問題。

你可以向心詢問任何問題。

所以我問了比較廣泛的問題：「心啊！我現在處於什麼狀態？」結果「心」回答我：「狀態很不錯！」

我暗想：「什麼？一點也不好啊！」於是又問：「心啊！是真的嗎？」這次「心」很簡潔地回答我：「你一直很努力啊！」我聽到這個

回答時，眼眶不禁濕潤了起來。

不安襲來時就默念「心啊！」

某次我在瀏覽網頁時，突然一股不安襲來。

「這份工作之後還能繼續下去嗎？」、「以後會不會沒有人想要理我？」之類的想法一直停不下來，讓我感到非常不安。於是我問了「心」。

「心啊！現在襲來的這股不安是怎麼回事？」

結果「心」告訴我：**「這不是你的感覺，是『被植入』的感覺！」**

我問：「什麼？心啊！是誰植入的？」

心告訴我：「是母親植入的！」

因為我和母親已經完全沒有聯絡了，所以我很疑惑：「為什麼現在是母親造成的？」但我也想起了從小不停被母親說「你做事虎頭蛇尾」，或是「你不管做什麼都做不久」，結果一事無成的年少時期。

「難道是遠方的母親對我產生多餘的擔心，這股擔心透過大腦網路進到了我的大腦？」

我這麼想，於是問了心：「心啊！母親植入的是什麼樣的感覺呢？」

「心」答道：「她植入了『這孩子不管多大，沒有我看著就不行』！」

於是我才懂了，原來這種「我是糟糕的人」的感覺，是遠方的母親透過大腦網路植入的感覺。

因此我問：**「心啊！對於這種母親植入的感覺有什麼辦法嗎？」**

心教我：「你只要想這不是我的感覺，而是母親帶來的感覺，忽視就好了。」

我問：「心啊！每當我想要忽視，就會湧起蔑視母親的罪惡感！」

心又教我：「那股罪惡感正是母親植入的感覺，所以可以忽視沒有關係！」

事實上，當我將那令人感到悲慘的不安當作來自母親的東西、忽視它以後，就發現：「咦？這個真的是不必要的感覺啊！」心裡頓時輕鬆了起來，身體彷彿有一道信念貫徹其中。

原本游移不定的感覺變得堅定，我感受到丟掉不需要的物品時的清爽感。「心」教會我的事真的很不可思議。

心教導我「這不是你的感覺」

和朋友搭乘電車時，曾經覺得映在車窗上的我樣貌醜陋，是個不堪入目的存在。

而且肚子凸出，讓我覺得「又胖又醜」很想死並陷入恐慌。我又不可能馬上瘦下來，於是出現「只能去死了！」的感覺。

這時候我問了「心」。

「心啊！這種『醜陋』的感覺是我的感覺嗎？」我戰戰兢兢地問。

「心」很明確地答道：「不是！」

我想：「真的嗎？意思是我擅自在腦海裡創造的嗎？」又問：「心啊！那這是誰的感覺？」

心告訴我：「這是你旁邊朋友的感覺喔！」

我問：「心啊！這只是朋友的感覺傳過來給我嗎？」心說：「沒錯！」

保險起見，我問了那位朋友：「是說，你最近是不是很在意自己的身材？」一瞬間他露出驚訝的表情：「才沒有！你在說什麼鬼話？」下一秒他的視線就移到了右上方。

「喔！看右上方代表對方在說謊！」我這麼想（人在說謊時習慣看向右上方），便繼續追問，對方才說最近體重增加讓他很在意，所以開始重訓。

我對「心」的厲害程度大感驚奇。那些不愉快的感覺真的不屬於自己。

6 伴侶的外遇，其實你沒有那麼在意？

那股怒氣其實是屬於婆婆的!?

某一次，有位女性找我商量「老公向她坦承自己外遇」。

當她聽到先生坦白的那瞬間，腦袋一片空白，內心湧起極度的憤怒，眼淚流了下來，還出現一股「想要嚴懲做出背叛行為的老公」的衝動。

這時候該位女性問了自己：「心啊！我對老公的憤怒是我自己的感覺嗎？」

結果「心」回答：「不是的！這是婆婆植入的感受！」

「咦？這是婆婆植入的？」聽到這句話時，她的感覺有點糟，原本的憤怒也瞬間降了下來。

接著再問「心」：「心啊！婆婆對我灌輸了什麼感覺？」「心」回答：「婆婆灌輸了『妳沒有好好照顧我兒子，做為一個女人不及格』且相當憤怒。」

她繼續詢問：「既然如此，心啊！我對老公外遇這件事有什麼感覺？」

「心」答道：「沒有任何感覺。」女性反問：「咦？心啊！我老公外遇我竟然沒有任何感覺嗎？」「心」告訴她：**「因為妳的內心總是波瀾不驚。」**

「我的確是對老公的外遇沒有任何感覺！」這位女性突然便坦然接受了。

之後該位女性無視害怕挨揍而惶惶不安的先生，回到了普通的生活。

她笑著說，雖然將老公當作空氣般毫不在意感覺有點不可思議，但是可以專注於眼前自己想做的事，不知怎麼地感覺很好。

聽說之後外遇的先生變得開始會照顧孩子，以及幫忙做家事。

雖然太太什麼也沒說，但先生開始回家吃晚餐，不知不覺間便闔家團圓了。

說出「討厭就是討厭」就能獲得自由

另外，有某位女性即使只靠先生的收入就足以生活，卻還是在外從事吃力的工作。

該位女性從事的工作經常遭受他人貶低或辱罵，她卻總是帶著笑容工作。雖然令人敬佩，但另一方面，也讓我覺得有些不自然。

於是我請該位女性問問自己的「心」：「心啊！我的靈魂究竟在追求什麼？」

「心」回答：「從先生的支配中獲得自由。」

之後我了解，原來該位女性一直很害怕先生。先生是個動不動就情緒煩躁、說話大小聲的人，所以她沒辦法向先生表達自己的想法，就這樣度過了數十年。

我也因此理解為什麼該位女性的笑容總讓人感覺不自然了。

該位女性在先生面前問「心」，「心」告訴她：**「妳可以表現出自己的情緒！」**

於是該位女性對著先生一口氣發洩了從前累積至今的憤怒。原以為先生會加以反擊，沒想到從那之後，先生對她變得很溫柔。

此後該位女性藉由聽從「心」的指引，表達「討厭的事就是討厭」之後，變得愈來愈自由。

有一天，她彷彿從惡夢中驚醒，發覺：「咦？為什麼我要做這麼辛苦的工作？」之後該位女性豁然開朗，她因為對努力工作的先生感到愧疚，所以選擇了照顧和先生一樣不易相處的人的工作。

她也察覺到：「我應該還有其他更想做的事！」而漸漸地可以依照自己所想活下去。

7 將憤怒誤認為愛情的機制

總是無法和軟爛男分手

大家應該經常會想：「為什麼這個人會和這種男人在一起？」這種男人不願傾聽女性、也無法同理女性，擅自把女性耍得團團轉，卻絲毫不願思考女性想要什麼。

即使周圍的朋友常說：「趕快和那種男人分手吧！」但每次一被這麼說，就會覺得：「他不能沒有我！」這種所謂「忍耐再忍耐，依然真心不變的堅定愛情」，其實機制意外地單純。

愈是被對方激怒，腦內就愈會分泌麻痺感覺的麻醉藥；因為這種麻痺狀態和戀愛荷爾蒙相同，就被錯認為「愛情」了。這就是「夫婦愈吵愈甜蜜」的機制。

戀愛荷爾蒙苯乙胺只會對同一個對象分泌四年，但如果對對方感到憤怒並忍耐，就會因為憤怒的痛苦而分泌腦內麻醉藥（腦內啡）。因為腦內麻醉藥的關係，而陷入「我愛那個人」的感覺。

不僅自己會覺得：「即使對他感到憤怒也離不開，我真是個怪人！」其他人也會認為：「這個人老是斷不了孽緣，很糟糕！」

但這是錯的。這只是因為腦內麻醉藥令感覺麻痺而動彈不得，所以才離不開。

一旦離開對方，就會出現「戒斷症狀」。

戒斷症狀是指經常服藥（如止痛藥或抗焦慮藥等）或飲酒的人，一旦突然停止服藥或飲酒，就會產生發抖、噁心想吐、發燒，以及焦慮無法平靜的感覺。

之前一直仰賴藥物維持荷爾蒙平衡，一旦停藥便會開始失衡，而產生上述症狀。如果是被對方惹到暴跳如雷，因痛苦而頻繁地持續分泌腦內啡的人，一旦突然離開對方，就會產生戒斷症狀，導致發抖與噁心想吐。

因為戒斷症狀很痛苦，為了想獲得能麻痺痛苦的腦內啡，便會又回到「那個人」身邊，導致「無法斬斷孽緣」。

麻痺痛苦的腦內麻醉藥

人只要感到痛苦，腦內便會為了麻痺痛苦而分泌腦內麻醉藥（腦內啡）。

有種現象是：雖然一開始是因為頭痛而服用止痛藥，但是只要持續服藥，大腦就會為了想要止痛藥而產生頭痛。

雖然一般情況下都是因為頭非常痛，才不得不吃止痛藥；但也有些人是只要停止服藥，疼痛就會消失。

去想像不幸的事結果真的受傷害，也是因為渴望腦內麻醉藥，才不停想著不幸的事，而陷入惡性循環之中。這會創造出一種「無法停止思考不幸的事」的狀態。

持續想著不幸的事，因而創造出痛苦的情境，都是因為渴望腦內麻醉藥的緣

故。

當然，這一開始也是為了麻痺「痛苦」；但就像止痛藥一樣，最後反而會變成因為渴望腦內麻醉藥，而開始出現疼痛的狀況。

會覺得「為什麼那個人對我這麼過分」而憤怒，也是因為只要憤怒達到「痛苦」的程度，就能夠獲得腦內麻醉藥的緣故。

利用「不要靠近我！」的暗示斬斷孽緣

學生時代我曾因為失戀，而數度嘗到戀愛腦內麻醉藥的戒斷症狀；但只要不接近對方，大概兩個月之後，戒斷症狀就會消失。

失戀之後感到噁心想吐，胃彷彿要從口中嘔出來，只要看到和對方有關的東西就會難過到想哭。

治療酒精中毒也是，患者會噁心想吐，或是情緒失控，因為一點小事就心情大起大落等等，為戒斷症狀而苦；但這段期間只會持續大約兩個星期至兩個月。

其實有個方法能輕鬆減輕戒斷症狀。

那就是在出現不安或噁心想吐的感覺時，在腦中默念「不要靠近我！」

當對方出現在腦海裡、對對方感到憤怒，或擔心對方而陷入痛苦時，就默念「不要靠近我！」這麼一來，戒斷症狀就會迅速緩和，很不可思議。

只要默念「不要靠近我！」，腦內啡的戒斷症狀就會消失，當你不再渴求腦內啡，就能夠輕鬆斬斷孽緣。

一旦被對方激怒，感到痛苦而導致腦內啡成癮，就算斷了彼此的關係後，也會再去接近其他能為自己帶來腦內啡的對象。

即使是失戀的痛苦，也可以藉由「不要靠近我！」跨越

只要過去的對象稍微浮現在腦海裡，就持續默念「不要靠近我！」，如此便能漸漸脫離腦內啡成癮。

這麼一來，接近自己的對象就會和以往的怪人完全不同，變成一些優質的對象。會出現一些讓自己覺得「咦？真的可以對我這麼好嗎？」的對象。

如果浮現「真的可以對我這種人這麼好嗎？」的罪惡感時，一定要默念「不要靠近我！」

因為那股罪惡感背後的起因就是腦內啡成癮。

如果出現罪惡感或自我懷疑的感覺，就默念「不要靠近我！」如此一來就能坦率地接受對方的溫柔，認知到「我值得被愛」而加深和優質對象之間的關係。

萬一在和優質對象關係愈來愈深入的途中感到不安，那也是因為腦內啡成癮尚未完全消除的緣故，只要默念「不要靠近我！」就能將想法轉變為「我可以獲得幸福！」

最好別和朋友商量戀愛煩惱的原因

就算和朋友商量戀愛煩惱，也會因為朋友無法理解自己而讓痛苦加倍，造成腦內啡分泌量增加。

朋友會因為無法了解自己的想法，而說出「這種事妳想了也沒用」這種話。沒錯，正因為朋友不明白渴求腦內啡而發怒的箇中緣由，所以會輕率地說出：「不要去想就好了。」

但我們面臨的卻是沒有腦內啡就無法止痛，必須直接暴露在痛苦中的恐懼。所以會向朋友發脾氣：「你什麼都不懂！」讓腦內麻醉藥分泌得更多。

一旦不小心對朋友施加了「你什麼都不懂」的暗示，原本「站在我這邊的朋友」就會在不知不覺間變成「將我的煩惱洩漏給他人的背叛者」，導致我們更加憤怒，陷入更糟的狀況。

陷入這種狀況後，我們會愈來愈孤立，不再相信他人；也會因為痛苦而分泌更多腦內麻醉藥，讓不幸的事愈變愈多。

這種時候請默念第二章裡提過的「真心話模式！」

這麼做就可以明白：「咦？我渴望的才不是腦內麻醉藥！」如果又開始胡思亂想，只要在內心大喊「真心話模式！」就不再需要依靠腦內麻醉藥麻痺自己。

默念的過程中就會發現：「原來『因為腦內麻醉藥導致戒斷症狀』也是一種暗示！」

3 斬斷不停湧上來的負面情感

想起「那句話」就失去動力……

我一想到「必須整理房間」或是「必須看那本書認真讀書」，腦海裡就會浮現討厭的感覺。

或是因為很久以前主管說過的一句話就感到憤怒，覺得「他是不是瞧不起我」或是「他每次都輕視我」，而變得有些負面。

為了揮去這些負面情緒，只好隨手拿起雜誌亂翻，或是在網路上搜尋無關緊要

的資訊。

一下子就過了好幾個小時，房間還是和之前一樣沒有整理。該看卻沒看的書堆在眼前，積滿厚厚的灰塵。

然後，又因為浪費時間而自我厭惡，湧現許多討厭的回憶，陷入滿滿的不愉快之中。

最後覺得：「我書讀不好、整理也整理不好，將來一定很失敗，會變成無家可歸的流浪漢。」開始想像自己成為街友而感到絕望。

在腦海中想像街友的樣子與自己深陷麻煩的場景時，時間也就再度被浪費掉了。

這讓我覺得自己總是拖延真正該做的事情，「腦袋是不是有問題」。我完全無法付諸行動去做想做的事，甚至到了覺得「沒有辦法集中精神在想做的事情上，難道是生病了？」的地步。

不過，在我學習心理學的過程中，開始懂得了其中的機制。

「現在什麼事都沒有，所以可以放心」

智力測驗中會測試兩種能力，分別是記憶單字或動手計算的「語言智商」，和完成拼圖、堆疊積木，或是將散亂的漫畫按照順序排列的「操作智商」。

語言智商高，代表可以從過去的經驗想像（模擬）未來、想像各種人的感受，或是在和對方實際接觸前就可以想像結果。

若再加上操作智商高，就能按照時間軸有條理地將資訊記在記憶中，清楚區分整理過去、現在、未來，認知到「過去不好的經驗是過去發生的事」，且「現在不需要為將來可能發生的事感到不安」。

不論腦海裡如何模擬不幸的事，還是能有條不紊地依照時間序列排列資訊，所以能覺得「現在什麼事都沒有，很幸福」。

這是因為「當下」這個瞬間，自己的眼前並沒有任何危險。

即使會想像他人不愉快的情緒，操作智商高的人還是能在整理資訊時區分他人與自己之間的距離，分辨出他人的情感終究是他人的東西，「和我沒有關係」，因此不會被別人的感受牽著鼻子走。

我發現，像我這樣突然想起過去發生的不好回憶，彷彿剛發生不久一樣覺得不愉快；或是在思考將來的事時，覺得像下個瞬間馬上就要發生般而感到不安；又或者是顧慮和自己不相干的他人感受而陷入低潮，這類型的人也許就是「語言智商」和「操作智商」失衡了。

語言智商失控，產生許多模擬情境，操作智商卻來不及整理，腦海中資訊氾濫，因而陷入對過去、現在、未來的不安與不愉快之中。

一直想著過去的事和別人的事而無法集中精神在想做的事情上

如果可以專注於「當下」就能感到幸福

這樣的話，只要可以取得語言智商和操作智商的平衡，適當地整理腦海中的資訊就好了。

不愉快的感覺襲來時，就在腦中默念七次「調整智慧與能力！」

這麼一來，語言智商和操作智商就能取得平衡，進入腦海的資訊也能經過整理。

接著，下個瞬間就能什麼也不想地整理房間了！

顧慮他人的感受而覺得不開心時，也請默念七次「調整智慧與能力！」語言智商和操作智商就能取得平衡，想法也會變成：「為什麼我要把別人的感受看得像自己的事一樣呢？」

只要頻繁地默念，你就會驚訝於：「原來一般人都是這麼輕鬆地活著嗎？」

在默念七次「調整智慧與能力！」的過程中，智商會逐漸穩定平衡，不知不覺間就能變得和一般人一樣，不須多加思考即可自然行動。

9 只要這樣做就能和所有人保持良好關係！

諮商帶來的劇烈變化

某位女性從學生時代開始，就想著「我要完成藝術作品，進軍藝術界！」但卻遲遲未能完成，就這樣過了二十年。

只要一想著「來做作品吧！」腦海裡就會出現以前被欺負的經驗，或是最近職場中不合理的事，因而覺得煩躁，大吃零食發洩。

一吃零食又會想起同事說：「妳最近變胖了耶！」進而浮現「公司裡的同事聯

合起來說我壞話，看不起我」的畫面，心情變得更差，也就更加無法創作。

我假設該位女性或許在想要「創作作品」時，智商會失控，造成語言智商和操作智商失去平衡。

於是我請該位女性在想到討厭的事情時，**就在腦中默念七次「調整智慧與能力！」**

結果在下一次的諮商時，該位女性就不再說出過去不好的回憶或是職場上的人際問題了。

我問她：「有沒有什麼問題？」她很肯定地告訴我：「我現在可以集中精神在作品上，沒有問題！」

她之前諮商時，會不停說著讓她不開心的人事物，現在卻絕口不提了。

「跟其他人一點關係也沒有！」她彷彿從以前就毫不在意般斬釘截鐵地說。

讓操作智商好好整理沉浸在過去不愉快記憶中的自己後，就只剩下「現在」的自己了。

所以她並沒有產生比較過去的自己和現在的自己後，那種「啊！我有了這樣的改變啊！」的「變化」的感動。

之後該位女性淡然地努力創作，並完成了多年來夢想的作品。

淡然埋首於自己的世界

當不安與不愉快的情緒縈繞在腦海裡時，只要默念七次「調整智慧與能力！」，原先一直覺得「很多事想做卻沒時間」，也會漸漸轉變為「有時間」。

語言智商和操作智商失去平衡時，會產生各種模擬想像，導致你杞人憂天，做出許多不必要或徒勞無功的事。

一旦突然想到「啊！要做那件事才行！」而開始想東想西的話，腦海裡就會完全不記得剛剛正在做的事，「奇怪，我剛剛在做什麼？」最後不得不從頭開始，而耗費雙倍的時間。

時間就是這樣被慢慢浪費掉的。

只要默念「調整智慧與能力！」身體就會自動動起來，集中在想做的事情上面。即使不去想「那件事也要做」，也會在適當的時間點進行下一個動作。

這麼一來，想做的事全部都能淡然完成，且比平常花費更少的時間。在心中閃過「還有不少時間」的瞬間，就算不思考「接下來要做什麼」，也能自動拿起先前一直想看的書，優雅地閱讀。

接著，事情就會在一定時間內自動告一段落，轉為進行下一個動作，一個接一個地完成自己想要的安排。

也不會再去想「以前我到底多浪費時間啊？」這種事，因為這都是過去的事了。

雖然不擅長戀愛……

只要默念「調整智慧與能力！」以前覺得「好想做」卻無法踏出第一步的事，也不需要特別鼓勵自己就能接受挑戰了。

某位男性從來沒有和女性交往的經驗，所以「想要交個女友」。

但是語言智商失控，讓他覺得：「我如果主動去搭話，一定會被女生討厭！」而實際上，如果帶著這種想法去接近女性，也會因為緊張得說不出話而讓氣氛變得很尷尬，和機會擦身而過。

這樣就更會一蹶不振，覺得「自己果然被討厭了」，陷入「也許一輩子都會被女生討厭」，或是「要是我沒出生在這世界上就好了」的情緒中。

當該位男性開始學著默念「調整智慧與能力！」之後，他竟然「不是去參加聯誼活動，而是開始挑戰時尚裝扮」，讓我大感驚訝。

該位男性穿著像是雜誌男模般的流行服飾，髮型及眉毛修得乾乾淨淨，充滿流行感和清爽感。

他爽朗地告訴我：「打扮之後整個人感覺真好！」

我驚訝於他突然的變化，詢問：「服裝的品味你是從哪裡學來的？」結果他輕描淡寫地說：「沒有啊，我只是穿了想穿的衣服而已！」

我雖然好奇那件皺巴巴的黑色星際大戰T恤怎麼了，但一想到「對他來說那也是過去的事了吧」，就安下心來。

不特別去在意異性也能很受歡迎

在學會默念「調整智慧與能力！」後，該位男性穿著打扮變得時尚，還挑戰加入合唱團，並且大受在團中認識的女性們歡迎。

因為不曾和女性交往過，他也曾不安地想過會不會被牽著鼻子走；但該位男性現在和親近自己的女性保持著適當距離，非常樂在其中。

只要語言智商和操作智商取得平衡，就不會隨便揣測對方的想法而坐立難安。

看著樂在其中的該位男性，我也就明白：「正是因為這樣，他才不會被女性的情緒牽著走。」

平衡智商之後，該位男性得以享受「那個當下、那個瞬間」，因此也不會以曖昧的態度對待女性。「這樣關係才不會變質呢！」他的變化值得深思。

第4章

將那個人瞬間變成「好人」

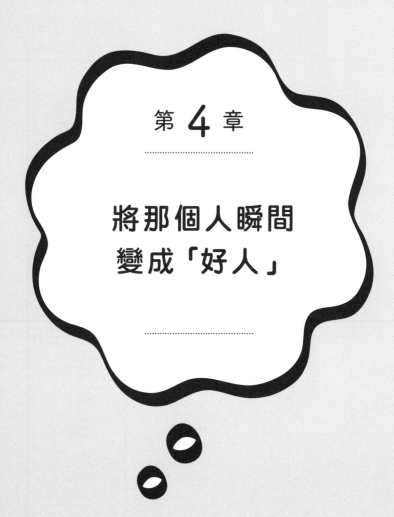

1

原來我以前對他施加了「討厭我吧」的暗示!?

只對自己態度很差的晚輩

有些案主告訴我：「我不好的預感都會成真。」

他們告訴我的內容共通點是：只要抱有「反正那個人就是○○○」的負面期待，結果就會如他們所想的成真。

這是我們在腦海中對對方的批判成為「完美的暗示」所引發的現象。

大腦想的事情，即使不說出口，也會透過大腦網路傳達給對方。也就是說，是我們自己運用「暗示」創造出了「棘手的人」。

本章將會介紹如何把牽著自己鼻子走的人反過來變成「好人」的方法。

以前我任職於企業時曾經指導過新進員工。

說「指導」聽起來很偉大，其實背後目的是讓對方早點學會順利進行工作的訣竅，可以獨立作業，好讓自己輕鬆一點。

該位新進員工有個習慣是會脫口說出不必要的話。

我交代該位新進員工：「〇〇，請把這些文件整理一下。」

他回答：「好，我會看情況做一下！」

雖然我很想吐槽他：「喂喂？什麼叫看情況啊？」但我不想被認為是器量狹小的人，連這種小地方都要出言糾正，所以有好幾次就都算了。

但是，我發現了一件有趣的事。

當我指導他時，他會用「大嶋前輩你也要認真一點喔！」這種奇妙的話來回嘴。

可是其他同事指導他時，即使下了指令，他也只是說聲「好！」就結束了。我一想到「他是不是瞧不起我？」或是「我被他看輕了嗎？」就覺得很焦躁。

就算回到家裡，這個新進員工的事依然佔據我的心思，「我是不是做了什麼會被瞧不起的事？」腦海中搜尋自己在公司裡不得體的言行舉止，想到「他該不會是看了那個所以瞧不起我吧！」結果愈來愈火大。

「他一定會做出這種舉動！」

我連在公司和他打照面都覺得討厭而痛苦，但我愈是煩躁，他就愈是會說些不必要的話。

原本我一直採取忍耐的態度，但最後還是忍不住爆發了：「〇〇！你給我注意一點！」

這個新進員工老愛說些沒必要的話！
嗶嗶嗶嗶
前輩你也要認真一點喔！
難道變成暗示了嗎？
煩躁
煩躁

對方態度差勁是我的問題？

結果那個新進員工雖然感覺很害怕，卻別開了臉回嘴道：「你才是！」讓我忍不住思考「這是怎麼一回事？」

難道，**這個新進員工是因為我的暗示，所以才老是失言嗎？**

我的腦中一直認為：「他一定會對我說些不必要的話！」

而我一旦對此感到焦躁，大腦的緊繃感就會升高，大腦網路的輸出也會增加，傳向該位新進員工的腦裡。然後，我腦海裡想的事情就變成暗示，該位新進員工也就因此失言了。

我的這股焦躁，代表我的不愉快透過大腦網路傳給了對方。很可能是我腦中誕生的「他瞧不起我」或是「我被輕視了」，這種幻想中的相互交鋒傳到對方腦海裡，並成為暗示，驅使對方做出實際舉動。

結果「不出我所料」

諮商時，有一些案主主訴的困擾是「在與人來往時，我總是會跟我想的一樣被對方討厭」。

案主找我商量，表示一旦認為「自己會被對方無情地拋棄」，結果就真的會實現，並不斷發生這種情況。

這種時候，我就會想起那個愣頭愣腦的新進員工。

因為在腦海中反覆想像自己害怕的事，這些想像傳到對方的大腦裡，向對方下達了如自己所想的暗示，結果對方態度就突然變得冷淡，或是展現無情的一面。

「看吧！跟我猜想的一樣！」雖然會覺得自己彷彿有預知能力，但事實上這只不過是自己的惡夢透過大腦網路傳給對方，向對方施加了暗示而造成。

這並非常見的勵志書中所說「你的所思所想將原封不動地成為現實」那麼單純，**而是自己的恐懼及憤怒透過大腦網路傳給對方，並轉化為暗示，創造出了如同自己恐懼的想像的現實。**

某一次，我和該位新進員工坦承以對，告訴他：「我覺得自己好像被你瞧不起了。」

結果他也告訴我：「我因為覺得被你看輕了，所以才會採取反抗的態度。」

「被新進員工瞧不起」的想法，傳到該位新進員工的大腦時卻轉變為「我被前輩瞧不起」。這麼一來新進員工當然就以反抗的態度回敬。以結果來看，就是「被瞧不起」這個狀態成為了現實。

暗示不是以「你瞧不起我」，而是以「你被我瞧不起」傳達進對方的腦海。

有時候會我們被對方施加不好的暗示，而覺得「自己被討厭了」，或是「我被瞧不起了」；但有時卻是我們自己向對方施加暗示，而創造出「看吧，他就是瞧不起我」，或是「實際上他就是討厭我嘛」這樣的現實。

2 只要「配合肩膀的起伏」就能把主管變和善

依然無法對抗不合理的對待……

學生時代的心理學課，因為課堂上教授在授課時總是在教室裡走來走去，所以我無法集中精神在他的內容上。

和班上的同學討論之後，我計劃出一個「讓老師站在黑板左側無法移動」的辦法。

方法很簡單。當老師開始來回踱步時，大家就一臉無趣地低下頭看自己的課本；老師站在黑板左側某個位置的瞬間，大家就同時抬起頭「嗯、嗯」地睜大眼睛，興致勃勃地聽老師講課，反覆進行這兩個步驟。

我還記得在那兩個小時的課程中如何拼命忍住不笑場。

之後過了兩個月，老師開始可以不偏不倚地站在黑板左側上課。即使在黑板上寫完解釋，他也不再到處踱步，而是回到固定位置去。

我把這段趣事告訴煩惱於受到主管不合理對待的女性。該位女性的主管不但不交付她重要的工作，還責怪她「工作都沒做好」。

就算她告訴主管「請確實將工作交付給我！」也只得到主管大罵：「現在的工作都做不好了，妳以為妳還做得了其他工作嗎！」

雖然她也找主管的主管談過，對方卻告訴她情況不會有任何改變。

配合呼吸就能消除對方的緊張

於是我將催眠療法的技巧教給該位女性。

我事先聲明：「雖然是催眠療法，但是很安全的方式，所以可以對任何人使用。」之後才說明步驟。

不論想催眠的對象有沒有看你的方向，只要用自己肩膀的起伏配合對方的呼吸，就是這麼簡單的技巧。

一開始很難看出呼吸時肩膀的起伏，但這時不要只集中注意力在肩膀，而是隨意地看著對方的整個身體，不特別聚焦在某一點，這時就可以看見「肩膀跟著呼吸上下移動」。

之後不斷重複「吸氣時，配合對方的動作慢慢地向上抬起自己的肩膀；吐氣時，配合對方的動作慢慢地放下肩膀」的動作。

該位女性在電車中以坐著的乘客為對象練習，結果對方「咚！」地就睡著了。

配合呼吸的過程中，自己緊繃的身體放鬆的瞬間，對方就睡著了，因此能得知「在這瞬間對方進入了催眠狀態」。

經過數次練習之後，該位女性試著使用在背對她工作的主管身上，結果主管不再對她大力批評了，也在不知不覺間開始以溫和的眼光看待她。

在配合主管的呼吸消除緊張的瞬間，主管的態度突然一百八十度大轉變，讓該位女性很困惑，彷彿自己做了錯事般擔心：「這麼做會不會太卑鄙了？」

我向她說明：「催眠只是單純引導出對方原本的面貌，也就是無意識的狀態，而不是在操控對方。」

結果該位女性掩不住吃驚地說：「這個意思是，在無意識狀態下，我主管其實很信賴我嗎？」

引導出對方原本就有的信賴感

事實上，人類在無意識狀態下是相互信賴的，我們可以認為是意識從中干擾了彼此。

而可以排除意識干擾的就是催眠療法（催眠有各種不同的解釋）。

我進一步請她使用暗示排除意識的干擾，讓主管恢復原本的樣子。

該位女性在配合呼吸放鬆緊繃感時，使用了「稱讚的暗示技巧」，向主管暗示：「謝謝您總是幫我的忙。」

「稱讚的暗示技巧」是指藉由籠統的稱讚，排除意識的干擾，讓對方進入原本相互信賴的無意識狀態。

說完後，主管鼻子抬起四十五度角，帶點驕傲地說：「身為妳的主管，這是理所當然的吧！」

在那之後，主管為該位女性寫了推薦信，那是她一直很渴望的國外分公司的最高職務。

當公司公布候補人選為其他人時，主管還主動去向高層抗議，這是她後來從其他部門的人那裡得知的。

主管用不同以往的溫暖語調向她說：「真是太可惜了。」但也帶著爽朗的笑容告訴她：「不過妳這麼優秀，可以留在這個部門真的是太好了！」

之後，以前那種完全不交付想做的工作給她的情況大為改變，該位女性漸漸成為主管的得力助手，非常勤奮能幹地工作。

使用催眠療法的技巧排除意識的干擾後，原本那麼令人厭惡的主管竟然成為自己的同伴。不過更不可思議的是：對該位女性而言，她感受到的不是「主管及職場改變了」，而是「回到原有的狀態」，所以情緒上也沒有大太波動，。

她只是覺得：「咦？使用了這個技巧之後有產生什麼改變嗎？」

我想，**使用催眠技巧真的只是回到原本應有的狀態而已**，並為這件事感到開心。

3 不再讓對方隨意侵門踏戶的方法

別人都覺得「反正你不會拒絕」!?

會將不愉快的事強推給別人的人，他們會自顧自地認為「叫這個人做這樣的事他應該也無所謂吧！」繼而入侵對方。

接著，「對這個人說這種話也沒關係吧！」而隨意說一些踐踏人心的話。

像這種「不會被他人入侵的人」和「會被他人入侵的人」，差別只在於是否會去想**「為什麼這個人只會對我做這種事」**。

不會去想「為什麼這個人會這樣」的人，就算對方入侵，也可以馬上拒絕對方：「什麼？這人是在搞什麼？」

會去想的人則是會想著：

「因為我平常太輕浮了，別人看不起我，才會毫不在意地對我做這種事！」

「因為我講話方式太笨拙了，別人覺得高我一等，才會對我做這種事！」

這類想法不停膨脹，焦慮感大增，而將憤怒的界線拋在腦後。

一旦像這樣憤怒超過臨界點，感覺就會麻痺。

因為這樣而無法說出「討厭」，或是稍有一點刺激就馬上突破憤怒臨界點，會導致在那個當下「討厭」的感覺麻痺，無法避開對方的入侵。

有效阻止入侵的句子

如前所述，只要思考「為什麼這個人會這樣」就會「依附」對方。這種時候大腦會「帶電」，導致你愈來愈搞不清楚自己的感受，容易遭受他人的「想法」入侵。

顧慮對方的感受會讓腦內產生電荷。當我們站在對方的立場思考的瞬間，自己的情緒就無法散逸而蓄積在腦內（因為自己的壓力只有自己能消除，所以就算站在對方的立場，也無法推動對方，壓力也不會因此消失）。

無法散逸而蓄積下來的情緒以「電荷」的形式持續堆積在腦內，反而造成自己愈來愈感受不到自己的感覺，於是又繼續在腦內蓄電，形成一個惡性循環。

當你覺得自己好像即將陷入「為什麼那個人會這樣」的想法時，就試著默念以下這段句子：**「我不懂對方在想什麼，而且我連自己在想什麼都不懂」**。

一旦覺得「為什麼他會做出那種事？」或「為什麼那個人不想想別人的感受？」一股煩躁感湧上的瞬間，只要默念這段句子，就能在對方和自己之間劃出一條界線，讓想法轉變成「咦？那個人怎麼樣其實也沒差嘛！」

只要可以畫出界線，腦內就不會再堆積電荷，電荷亂竄的現象也會消失，也就不再有怪人接近自己了。

當奇怪的人被吸引到其他人那裡時，還會不禁覺得有趣：「啊！那個人正在帶電呢！」

累積了對他人的不滿時

為什麼那個人都不想想別人的感受
為什麼會做出這種事

我不懂對方在想什麼，我連自己在想什麼都不懂
清爽
咦？其實怎樣都沒差嘛

4

「希望讓他知道自己錯了！」背後隱含的真意

當電車裡鄰座的人做了些討人厭的事

工作結束拖著疲憊的身軀搭電車回家時，有時候眼前會剛好出現空位：「啊！有位子！太幸運了！」

因為坐這個位子的前一位是女性，所以對我來說位子稍嫌窄了點。但我想兩邊的人應該會稍微挪一下空間，所以對他們說了聲「不好意思」。結果只有左邊的大叔雙手環胸，動也不動。

我想：「嗯，算了。」就算位子有點窄，我也想趕快在人滿為患的電車中坐下，樂得輕鬆；沒想到隔壁的大叔突然打開報紙看了起來，手肘還故意撞到我這邊來。

在擁擠的電車裡將報紙摺疊閱讀不就好了，「為什麼這個人要故意做出這種惹人厭的事？」我開始覺得煩躁。

在人滿為患的電車裡好不容易獲得自己的空間，結果卻被不懂禮貌的大叔入侵。

「為什麼這個大叔不會多替別人著想呢？」我愈這麼想而感到煩躁，大叔就愈得寸進尺，手肘愈擠愈過來。

這時候我忽然驚覺：**「該不會在我覺得『這個大叔真沒禮貌』的瞬間，我的意識就透過大腦網路向大叔施加暗示了吧！」**

在我使用「配合呼吸的技巧」，試著配合大叔的呼吸之後，大叔便在不知不覺間拿著報紙就睡著了。

向外大開的腳也不知何時收了起來，一邊打盹一邊向我倒過來。很不可思議地，我並不覺得那位大叔的重量討厭。

從大叔身上似乎傳來一股溫暖，我有一種不可思議的感覺：「原來大家都一樣啊！」

當我們想著：「為什麼這個人可以做出這種沒常識的事情？」時，就是我們「想要將對方變成像我這樣有常識的人」的意識在運作。

為什麼我們想要將對方變成「像我這樣有常識的人」呢？這是因為我們認為對方改變後，就會和我們擁有相同的價值觀，而能夠創造出令人安心的環境。

意思就是，當我們和對方的價值觀完全不同時，就會身處在「無法安心的世界」裡。

因為我們想要創造只有相同價值觀的人存在的世界，所以才會「想要改變對方、希望對方改變」。

「那個大叔真沒教養！」的暗示

在無意識的世界裡，大家都是「無」，所以會有「大家都是一樣的，是連結在一起的」的安心感。

但是意識會施加「大家和自己不一樣」的暗示，創造出令人無法安心的世界。有意識地去想「為什麼這個人和我不一樣，這麼沒禮貌呢」，是因為想要追求無意識的安心世界；但在這樣想的瞬間，就會透過大腦網路向對方植入「你是個沒常識的大叔」，結果對方就循著暗示，做出旁若無人的舉動。

當得不到無意識所追求的「無」的一體感，就會加倍施加「為什麼這個人會這樣！」的暗示，陷入惡性循環中。

可以認為，在想著「這個大叔好沒禮貌」的瞬間，這個想法便透過大腦網路傳達給大叔，成為對大叔施加的暗示。

就像催眠師只是說句「你是一隻猴子！」對方就跳上檯子模仿猴子，這個暗示也讓大叔採取了旁若無人的態度。

但再進一步想想，會想著「為什麼這個大叔會這樣」而生氣，搞不好也有可能是某個人透過大腦網路向你植入的暗示。

因為在無意識的世界裡，大家都在「無」之中成為一體，應該充滿了安心感才是。

我在想，我無法感受到一絲一毫安心，會不會是因為某個人的意識讓我進入催眠狀態，在幻想世界中被迫扮演猴子的關係。

被施加暗示，被迫像猴子一樣氣得吱吱叫一點也不有趣。

可以輕鬆解除這種暗示的方法，就是在第二章裡也使用過的「真心話模式」。

讓自己覺得「那只是無聊小事」

一去思考「那個人為什麼會那麼做」，一想到我行我素的那個人，獨處時就會很煩躁。

這種時候，就請像英雄變身時呼喊口號一樣，在自己的腦海中大喊「真心話模式！」

這麼一來，為了讓自己做些愉快的事，身體會自然動起來：「在想這種無聊的事之前先去洗個澡吧！」

不是用大腦去思考「不要想這種討厭的事了，去洗澡將討厭的想法都洗掉吧！」**而是藉由大喊「真心話模式」解除意識層面的暗示，讓自己能做自己真正想做的事，並能因此有「安心」的感覺。**

「為什麼隔壁位子的那個人，要插手管我的每一件事？」要是開始這麼想，就默念「真心話模式！」

這麼一來，就會突然覺得「喔！好想去拉拉筋！」重拾荒廢許久的伸展訓練。在伸展時，會覺得隔壁那個人怎樣都沒差，而漸漸睡著。

之後比平常更早就寢，早上神清氣爽地醒來，工作時也變得毫不在意那個人，非常不可思議。

這時就會開始覺得因為某個人的暗示而被迫扮演猴子很可笑了。

5

「不把對方當成怪獸」的獨門訣竅

指出對方的錯誤會導致數倍的反彈

小學時在理科的課堂上，因為我想要讓欺負我的同學認同我，曾經出聲叫道「老師！」指出正在寫黑板的老師的錯誤。

結果，老師突然對我怒吼，將理科教室裡的方形椅丟向我。當時我嚇了一跳，想說「咦？為什麼？」而當場僵住。

那些欺負人的同學即使指出老師的錯誤，老師也不會說什麼，只是輕輕帶過；

但是為什麼由我說出口，老師就突然暴怒，向我丟椅子呢？我充滿了疑惑。

如果跟老師說「老師！因為你是老師，所以做什麼事都沒關係嗎？」就會被罵得更慘，被憤怒的老師敲頭而且在走廊罰跪。

這種和老師間不可思議的關係，在中學時代也發生過。高中曾經有整整一年，班導師在出席點名時唯獨忽視我一個人，不叫我的名字。

當時我覺得：「為什麼每次都是我！」

但當我開始學催眠療法後，我就知道其中的機制了。

那是因為，**一旦質疑那些「覺得自己最正確」的人的良心和正義：「你所認為的正確是真的正確嗎？」就會遭到對方敵視與攻擊。**

開始學習催眠療法，接觸到無意識的世界時，我才了解到：「原來大家在『無』之中都是一樣的！」

在此之前都是有意識地判斷「這個人很優秀」或「這個人是正確的」而活，相信在某處有個真正正確的人，會引導沒用的我往正確的方向前進。

所以會想向主張「正確」的人確認：「你真的是正確的嗎？」

而對方雖然主張「正確」，但本質是「無」，所以會覺得「我一無所是這件事要被揭穿了嗎？」因此慌忙防備，並轉為攻擊。

這是因為對方也沒有發現「大家的本質都是『無』，所以並不需要扮演厲害的老師」。

精神暴力男的內心

主張「自己正確」的人之所以害怕「一無所是的『無』」曝光，是因為「一旦曝光就會被周遭的人輕視、拋棄，不會再有人理會自己而變成孤單一人」。

所以才會拼命隱藏「無」，主張自己的正確性，攻擊對自己的正確性抱持懷疑的人。

「其實如果不要抗拒，成為『無』的狀態，就能和大家成為一體！」無意識如是說。

那麼，該如何不受有攻擊性、不講道理的人波及呢？

最近的諮商內容經常是「精神暴力」，也就是在親密關係或是職場中，表現在言語或態度上的暴力。

男女之間的精神暴力是基於某一方比較優秀，或是地位比較高而產生。

舉例來說，太太的年收入較高，或是學歷和地位較高時，男性的男性內在（男子氣概）便受到威脅。

「這樣下去自己就不能再當個男人了！（自己的立足之地受到威脅！）」於是採取旁若無人的態度，誇耀自己的男性內在。

試著傳達與自己所想「相反」的事

在無意識的世界裡，因為一切都是「無」，所以也沒有性別之分，但有意識的世界卻不允許如此。只要稍有一點刺激，男性內在就會受到撼動，「我要當個男人！」的念頭就會冒出來，而採取旁若無人的態度。

我請擁有這種旁若無人先生的太太使用催眠療法的**「說反話」**技巧。這是**植入和對方意識恐懼的東西完全相反的訊息，否定意識，達到無意識狀態的技巧**。

先生會以高高在上的態度，做出好像很了不起的舉止，是因為「害怕自己不再是個男人」，所以表現出具暴力性（陽剛的），想藉此誇耀男性內在。

先生害怕的是「不像個男人」。所以太太可以試著配合呼吸，告訴先生：「你好有男子氣概！」

這麼一來，一副了不起樣子的先生就會突然愣住：「咦？」腦筋一片空白，陷入無意識狀態。

放入「男子氣概」這個「反話」的訊息後，會讓他意識變得薄弱，進入無意識狀態，而覺得「啊！也許我可以不用做這種事！」

大家的本質都是「無」

幫助其他人進入無意識狀態吧

只要不去判斷正確與否，就能獲得一體感！

職場上的性騷擾或精神暴力問題，也是女性能力比男性好時，男性感到「男性內在受到威脅」，試圖以扭曲的形式誇耀而造成。

配合那個人的呼吸使用「反話」，施加「〇〇真是頭腦好做人又紳士」的暗示，就能讓對方從有意識狀態進入無意識狀態，覺得「好像也無所謂嘛！」

施加這個「反話」的訣竅在於：面對對方旁若無人的舉動，自己浮現的「坦率想法」很重要。

對於對方旁若無人的態度，如果浮現「你這不懂別人的心情，不負責任的精神暴力老頭！」這種咒罵對方的想法，與這個想法相反的訊息就是「反話」。

向對方施加「某某是個溫柔，責任感又很強的人呢！」的暗示，由對方的「意識」創造出來、令人不快的角色就會因為「反話」而消失，回歸原本「無」的樣貌。

向依賴成性的人說「你真可靠」

性騷擾、精神暴力的原因如果是「欠缺男性內在」，依賴成性的人大概就是「欠缺與年齡相符的成長」。

依賴成性的人最害怕什麼，從對方靠過來依賴自己時，腦海中浮現的咒罵就可以得知。

如果腦海中浮現「你這完全不自己思考，只會依賴別人的媽寶！」這就是透過大腦網路傳過來，對方最害怕的事。

當對方害怕「別人會覺得我這麼大了還沒有長進，是個只會依賴他人、令人討厭的傢伙而拋棄我」時，反而會退化成事事依賴的媽寶狀態。

有性騷擾、精神暴力、家庭暴力舉動的男性，因為害怕「欠缺男性內在」，利用這些手段誇耀自己的男子氣概，反而更突顯他欠缺男性內在。同樣地，因為害怕自己「欠缺成長」而被對方輕視，反而會讓自己依賴得更厲害。

因此，只要向依賴成性的人「欠缺成長」的那一面施加「反話」，就能解除意識的暗示，讓對方回到和大家相同的原本樣貌，而能夠感受到一體感。

針對依賴的「反話」有，「你好獨立」、「你好有責任感」、「你好可靠」，或是「和你在一起讓我很放心」等等。

依賴成性的人會覺得「自己和其他人不一樣，完全沒有成長」，是「意識」創造出來的暗示。利用「反話」讓對方從暗示中解放，就能讓那個人回到原本的樣貌，漸漸成為相處起來既放心又愉快的人。

第 5 章

不再因他人的言行舉止而動搖

1 徹底模仿「舉止大方的人」

讓任性的先生乖乖聽話！

某位女性因為煩惱於「先生完全不懂得珍惜自己」而來找我諮商。

聽該位女性的敘述，她在和先生交談時，內容只有對先生的抱怨和孩子的問題等等。

只要看到先生的臉她就覺得煩躁，而板著一張臉；對於先生說的話或煩惱，她至今完全沒有仔細聆聽過。

單純看這件事，如果是因為該位女性之前的言行舉止導致先生冷淡以對，那只要做些相反的事，就可以「受到珍惜」。

只要稱讚先生、說一些孩子的優點、帶著笑臉和先生相處、仔細傾聽先生說的話就好了。

但是該位女性斬釘截鐵地說：**「這種事我也知道，但就是做不到！」**這時候，我的腦海中響起壽司店師傅朝氣蓬勃的聲音：「好喔！一份暗示！」

「雖然知道但做不到」這句話，從催眠療法的角度來看，是一句非常強而有力的自我暗示。用了這種自我暗示的語句，是絕對無法改變對待先生的態度。

於是我問該位女性：「妳有憧憬的女演員嗎？」

結果該位女性眼裡閃著光芒說：「有！我很喜歡費雯麗！」我的腦海裡忽然浮現電影《亂世佳人》的最後一幕。

這對男性而言也許不是太令人開心的女性形象，不過我想「算了」，便請該位女性試著模仿費雯麗和先生相處時的樣子。

就在那瞬間，該位女性露出非常美麗的笑容，讓我嚇了一跳。她回去以後試著對先生露出費雯麗式的笑容，結果先生的態度大轉變，該位女性現在可以隨心所欲地讓先生聽話。

「不要因為覺得有趣就隨意把先生玩弄在掌心喔！」我這麼告訴她，結果她哈哈大笑起來。

現在這些不愉快的狀況，全都是意識創造出來的暗示。只要學著模仿自己憧憬的人，就能輕鬆從暗示中脫離，看見一個完全不同的世界。

完全化身為「經驗豐富的老闆」

在我剛成為諮商師正式執業時，曾接受催眠老師指導，他問我：「如果是你職場上的老闆，他會怎麼治療這位患者？」

我拼命地思考，卻一點頭緒也沒有。我正苦惱於完全沒有任何想法，老師卻繼續追問：「如果是你老闆他會怎麼說？」

我心想：「我才剛成為諮商師沒多久，怎麼可能知道經驗豐富的老闆他的治療方式！」

當我想到「經驗豐富的老闆」時，腦海中浮現老闆那目中無人的態度，斜躺在椅背上，嘴裡橫叼著菸蒂，「呼——」地吐著煙圈。

於是我模仿老闆的姿勢，叼著空氣香菸「呼——」地吐氣。就在下個瞬間，我彷彿被老闆附身一樣，答案自己冒了出來，源源不絕出現一些平常的我想不出來的點子。

藉由模仿，讓我從「因為是菜鳥所以想不到」的「暗示」中解放，利用存在於無意識中的無限力量成為自己想要的樣子。

先前說明過「處於緊張狀態的人來到附近，自己就會跟著緊張」的現象，是因為人類大腦裡的鏡像神經元會自動模仿附近的人大腦的狀態，讓自己也跟著緊張。而在鏡像神經元實驗中，還有一項是「愈是模仿對方，鏡像神經元就愈活躍」。

如果模仿對方，鏡像神經元就會超越時空模仿理想對象的大腦，如此就能輕鬆從意識創造出來的「暗示」中解放。

活化鏡像神經元

我在學生時代非常喜歡冒險家植村直己的書，會不停翻閱，看到書都變得破破爛爛。植村先生不會說外語，卻為了爬山而遠渡重洋，透過比手畫腳求職，賺了錢就登山冒險，重複過著這樣的生活。

我當時很崇拜植村先生。而沒想到的是！某一天當我回過神時，我正站在美國的機場，完全不會說英語，透過比手畫腳和商店的大姊買口香糖，對方還教我如何數錢。

「和植村先生一樣！」我當時雖這麼想，不過植村先生是認真準備大學入學考試並取得學位的人，英語應該有一定程度的水準；而我高中時，滿分十分的英語成績總是只拿到兩分，低空飛過。

「我想要成為像植村先生那樣的人」我帶著這個念頭，比手畫腳和他人溝通；在不知不覺間，我手裡已經拿著畢業證書，在洋槐花飄香的樹下和面帶笑容的父母一起拍了紀念照。

之後，我又不知不覺地逃離了那個陰暗的家，從「魂牽夢縈、憧憬的國外大學」畢業。

很多人說：「你一定很辛苦吧！」但我只是在模仿植村先生，所以完全沒覺得自己特別努力。

只要想著「想要像那個人一樣」並模仿對方，就算不特別努力，也能輕鬆變成自己想要成為的人。

2 做回原本的自己

模仿憧憬的對象，連外表都變美了

不可思議的是，在模仿憧憬對象的過程中，不只內在，連外表都會愈來愈像對方。

常常聽到人家說寵物狗的臉會像主人，這個現象也可以藉由大腦網路說明。狗兒模仿主人，努力跟在主人的後方走來走去時，大腦會與主人連結，於是長得和主人愈來愈像，這麼一想實在很有趣。

就像陪伴彼此多年的夫妻會有夫妻臉，反覆過著「同進同出」的生活，就會在不知不覺間相互模仿，讓鏡像神經元愈來愈活躍。

這會讓大腦網路更加強化，模仿彼此的大腦狀態，就連外表也愈來愈像。

這麼一想，可以說我們之所以會覺得「自己不漂亮」，也是因為不自覺地模仿了某人的大腦狀態，讓原本屬於那個人的「自己很醜」的感覺傳過來成為「暗示」，最後反映在容貌上。

如果「不漂亮」這個想法是「暗示」創造出來的，那麼要解除「暗示」，只需要模仿漂亮的人就可以了。

藉由模仿自己理想中美女的動作、表情、說話方式等等，活化鏡像神經元，就可以連結美女的大腦。

隱藏在美女腦中的美麗祕訣會自動傳過來，背自然就會挺直，走路方式也跟著改變。只要意識到「那個人」，嘴角就會自動上揚；嘴角的肌肉受到鍛鍊，臉型也就會跟著改變。

只要模仿憧憬的人，外表就會愈來愈像對方！

不久後就會在照鏡子時發現自己持續改變，「奇怪？我是不是愈來愈像那個人了？」很不可思議。

有一次，我詢問了自己的「心」。

「心啊！接下來我該模仿誰才好呢？」結果「心」說：**「你已經不需要再模仿別人了。」**

我剛聽到這句話時，浮現的畫面是一直以來為了不溺水而死命抓著救生圈活下來，結果那個救生圈卻突然被拿走，導致自己快要溺水了，因此有種窒息感。

我抗議道：「心啊！我一個人做

不到。」我從來沒有靠自己完成一件事的印象，總是在模仿別人中好不容易才走到今天。

只需要捨棄不屬於自己的東西

結果「心」告訴我：**「你雖然認為自己是模仿他人，才創造出自己現在這個個性，但其實你只是透過模仿捨棄了無用的東西，回到自己原本的樣貌罷了。」**

「什麼？你在說什麼？」我很想這麼反問「心」。

接著「心」更詳細地告訴我：「這只是你以前穿在身上『沒用的人』的不必要盔甲，透過模仿他人一片片剝落，因此恢復你原本的樣貌罷了。」

但我對這個答案有點沒自信，便請案主幫忙詢問「心」。「心啊！我不需要再模仿他人了嗎？」對方幫忙這麼問了以後，得到很明確的回答：「不需要。」

接著問「心啊！為什麼不需要了呢？」心答曰：**「因為只要做回原本的自己，就可以自由地活著。」**

再繼續問：「心啊！該怎麼樣才能做回原本的自己？」「心」教道：「只要捨棄不屬於你的東西就可以了。」

「我的『心』和案主的『心』答案是一樣的！」我覺得有些開心。

在那瞬間我明白了，只要捨棄不需要的東西就好了啊。

3

「什麼啊，原來大家都是好人啊」

在無意識的世界中大家都是一體的

無意識的世界，是一個人與人之間不分優劣，沒有嫉妒與憎恨的世界。在意識層面下的世界是一片開闊。

使用「心啊！」的技巧詢問「心」，得到**「我並不特別追求什麼，因為『大家都一樣』」**的回答。

因為大家都一樣，**所以完全不需要去想「我要努力，成為大家願意接納的存在」，或是「我一定要努力，讓世界看見我比其他人優秀的地方，讓大家認同我」**。

年齡及經驗等等也都是意識層面的東西，在意識之下的無意識世界裡，大家都是「無」，而且都一樣連結在一起。

有一次，某位女性來找我諮商，流著淚說為了先生的外遇問題而苦惱。那時候我請她問「心」：「我因為老公的外遇而感到痛苦嗎？」

問這種問題通常都會得到生氣的回應：「這不是當然的嗎！我都哭成這樣了！」

但是「心」答道：「妳其實沒有特別痛苦，這份痛苦並不是妳的東西！」

「咦？什麼東西？」不經思索脫口而出的該位女性也地嚇了一跳。又問道：「心啊！那這種痛苦的感覺從何而來？」

結果「心」說：「是妳商量的那些對象擅自想像並創造出來的幻覺。」

因此再接著問：「心啊！如果這份痛苦不是我的，那該怎麼處理？」結果「心」教道：「不需要特別做什麼，因為那本來就是不存在的東西。」

結果該位女性突然恢復精神，說：「我確實是完全不在意外遇這件事！」她自己也和先生以外的男性有關係，害怕會被先生發現。

大家都一樣，大家都是「無」，這就是無意識的世界。

移除多餘的屏障

在意識創造出來的幻覺中，當感受到「對方比自己優秀」時，就會陷入彷彿真有「嫉妒」這種不愉快情感存在的感覺中。

當想到「對方不如自己」時，便會可憐對方；當遭受背叛時，「憎恨」的情感幻覺又揮之不去。

這些全部都是意識創造出來的幻覺。**只要使用催眠療法的技巧，移除意識創造出來的屏障，引導自己進入無意識的世界，就能漸漸看清在意識層面下無法看清的對方樣貌。**

移除意識的屏障後， 大家都一樣！

透過意識的屏障看世界時，對方看起來簡直就像怪獸一樣；當屏障消失以後，看起來就變成「搞不好這人是個好人」，很不可思議。

透過催眠療法配合呼吸的技巧，引導對方進入無意識的世界，對方看事情的方式就會漸漸改變。如果再用「暗示的技巧」稱讚對方，意識的屏障就會剝落得更快，讓對方回到原本樣貌，而可以一起認知到「原來大家都是一樣的！」

從腦內麻醉中恢復清醒後，雖然會過著淡然的生活，但自己並不會察覺到已經身處「淡然的生活」。

這是因為專注於今天這天——不，是現在這個當下，不需要煩惱未來的事或懊悔過去的事，也不必去思考這些的緣故。

4

從「希望他人認同」的欲望中解放

做自己想做的事並獲得正面評價

我從孩提時代開始，就想著「要讓別人認同我！」而努力，但不知為何都無法持久，這樣的經驗一再出現。明明一開始十分堅決，到頭來卻因為覺得「已經不行了」而總是只有三分鐘熱度。之後不論父母或旁人都說：「這孩子不管做什麼都無法持久。」因此覺得自己很悲慘。

周遭的人都對我說過「想做的話應該做得到啊！」我自己也這麼想，卻不管過了多久都沒有開花結果。

不管做什麼都中途放棄，長大之後所做的一切也都半途被人搶走功勞，得不到應有的評價，每天都覺得很不甘心。

我從小就開始煩惱：「為什麼我這麼容易半途而廢，沒有辦法獲得別人的認同呢？」並自我反省，但卻無法脫離這樣的狀況。

而在我開始懂得一邊詢問「心啊！」一邊行動之後，這樣「三分鐘熱度」的狀況就不見了。例如看到電視裡的格鬥畫面，想說「來運動吧！」時，就詢問：「心啊！現在的我需要鍛鍊肌肉嗎？」

結果「心」告訴我：「不需要鍛鍊肌肉，但如果是慢跑的話可以跑個三公里！」於是我買了鞋子開始跑步，漸漸地能夠愈跑愈遠，不知不覺間一個月可以跑到兩百公里以上。

後來也開始有人稱讚我「好厲害啊！」但純粹是因為自己想跑才跑的，所以並沒有太大的感覺，我對自己這樣的轉變感到不可思議。

以前我那麼渴望別人對我的評價，現在卻不再需要了。雖然不再需要別人的評價，但一邊聽從心的指引一邊生活，自然而然就會得到旁人的正向評價。

遇見自己真正心儀的人

某位女性一直希望能讓男性對她有興趣，但接近她的卻都是一些怪人，因而苦惱為什麼自己覺得「優質」的男性都不接近她。

為了解決這個煩惱，我請她詢問「心啊！」

該位女性很坦率地直接問道：「心啊！該怎麼做才會受男人歡迎？」結果心回了一個很理所當然的答案：「要對自己更有自信。」

於是該位女性問：「心啊！該怎麼做才能讓自己更有自信？」「心」教道：「妳要多照鏡子，仔細看看自己的樣子！」

「啊！我的確都沒有好好看著自己的樣子，」她這才突然注意到，「我總是覺得沒時間，所以化妝隨便畫一畫，也沒有穿自己覺得好看的衣服。」

於是再問：「心啊！打扮自己會花很多錢喔？」結果得到「如果是妳，應該知道不花錢也可以打扮自己的方法吧！」的回答。

確實，當她照鏡子時，不花錢也能打扮的點子一個接一個冒出來。當她開始打扮之後，去公司漸漸變成一件快樂的事。

之前眼裡完全沒有她的男性職員開始向她搭話，部門裡也開始有人討她歡心。

但是她卻完全不開心。

她問：「心啊！為什麼我不覺得開心呢？」答曰：「因為妳喜歡的不是會受外表影響的人，對吧？」

這時她發現「就是這樣我才不想打扮啊！」而感到有些欣慰。

於是該位女性問：「心啊！我會遇見我喜歡的那種聰明的男性嗎？」「心」告訴她：「就在妳眼前不是嗎？」

一位多年來的朋友、打扮樸實的男性正在她眼前看書。

「這個人腦筋的確不錯！」她欣然接受了「心」說的話。

對自己的內心誠實後財富隨之而來

某位男性的目標是經濟寬裕的生活，因而努力念書，並成功取得旁人欣羨的證照。

但後來他對那份責任重大的工作感到厭煩，於是拋棄那張證照，為了考取另一章工作責任較輕的證照，而重回大學念書。

然而他在大學人際關係並不好，也對要一輩子從事那份工作感到厭惡。

這樣繼續下去存款會愈來愈少，一想到自己有一天會過著悲慘又貧窮的生活，他就陷入嚴重的憂鬱狀態。

於是我請陷入憂鬱狀態的該位男性詢問「心」。

「心啊！我是因為金錢的事而陷入不安嗎？」

結果「心」說：「不是，你不是因為這種事陷入不安！」

該位男性再問：「心啊！那為什麼我的情緒會這樣？」結果得到的答案是：

「因為你沒有做你真正想做的事！」

他接著問：「心啊！該怎麼做才知道真正想做的事是什麼？」「心」答道：「首先停止做不想做的事。」

的確，現在念的書是他完全不想做的事。於是他問：「心啊！我可以從大學休學嗎？」答曰：「當然啦！因為那不是你想做的事！」

該位男性休學之後突然想要學數學，開始學數學之後，不知何時起他就變得能從數字模式中輕易地看出賺錢的方法。

雖然他學習那些模式只是因為覺得有趣，將賺錢這件事拋在腦後；但隨著他持續學習，不知不覺間就賺到了將來完全不必為錢發愁的金額。

有趣的是，該位男性並不因為自己的成功而自傲，反而非常淡然。

「心」告訴我們的「和你的心一起探求真正興趣的喜悅」是淡然又平穩的。

身處順境反而處之淡然

聽從「心」的指引行動而產生變化時，不會有情緒高昂的感覺。

「我聽從『心』的指引，結果產生這麼棒的改變！」如果有這種高昂的情緒產生，為了確認案主是否真的與「心」連結，我會請對方再問一次「心啊！我和心之間是否有干擾？」

結果通常會發現和「心」之間確實有干擾或其他狀況。

「心」會給予那個人最適合的引導方式。

所以絕對不會在產生「太棒了！」的高昂情緒後，忽然又一陣憂鬱襲來。

聽從「心」的指引行動之後，經常會處於淡然的狀態，感覺像什麼也沒改變一樣。但不可思議的是，以前渴求的東西，全部都在不知不覺間便得到了。

藉由經常聽從「心」的指引行動，能在保持平常心的同時，又往更高的目標前進，這樣的身影非常美麗。

5 不再因為他人的言語而起起伏伏

讓自己變得和過往截然不同，「不再搖擺不定」

如果某件事情進行得很順利，就會覺得「接下來應該也會很順利！」或是「好運終於降臨了」而感到開心。

但是下一秒就又覺得好像會發生什麼壞事而感到恐懼。萬一真的發生了壞事，便整個人掉到谷底：「看吧，果然發生討厭的事了。」

只要帶著受人稱讚的雀躍心情回家，就會遇到母親一臉臭臉生氣說道：「為什麼你都沒在念書！」

我以前常陷入像這樣不斷大起大落，不可能沒有壞事發生的循環。所以自己的狀態基本上是處於泥淖之中，總是為了脫離那樣的狀態而苦苦掙扎。

即使拼命閱讀如何脫離那種狀態的書，模仿裡面的技巧，自己內心如同爛泥般的狀態依然沒有改變；或是偶爾覺得自己脫離了，一回神卻又仍處於泥淖之中。

我非常害怕被人看穿或是被知道自己是一灘爛泥。

但是，**開始聽從「心」的指示生活後，泥淖便在不知不覺間消失了，也變得能夠淡然地生活。**

雖然一直以來都以脫離泥淖為人生目標，但一旦脫離之後，在那裡的將會是淡然的生活，以及覺得「其實什麼都沒改變」的自己。

曾經同樣為此煩惱的案主也聽從「心」的指引，從泥淖中脫離的身影看起來閃耀著美麗的光輝，不過不出所料地，案主也說：「我完全不知道有哪裡改變了。」

雖然我覺得不管是水腫消除後俐落的容貌，或是大方的談吐態度都和以前完全不一樣了，不過當事人卻絲毫沒有察覺自己的變化。

家人的應對及旁人的態度也有了很大的改變，但當事人的反應卻有種「那又如何？」的感覺，彷彿一切都是本該如此，讓我覺得：「真正的變化實在是太厲害了！」

事實上並沒有敵我之分

大學時曾聽教授說：「喝酒之後之所以會進入高度興奮的狂躁狀態，是因為身體分泌了狂躁荷爾蒙的緣故。」而人類有**恆定機制（回復中庸的機制）**，會調節回到平常心的狀態。

老師只是大略地告訴我們：「為了中和狂躁狀態，身體會分泌憂鬱荷爾蒙，因此隔天會陷入憂鬱狀態，後悔前一天做過的事。」

我試著對照在自己身上後，便明白了一切。

為了消除陷入泥淖的憂鬱情緒，我只要參加心理學研討會，就會覺得情緒彷彿受到清洗，「自己獲得了救贖」。

但是「獲得救贖」是狂躁狀態，大腦為了取得平衡，便會分泌憂鬱荷爾蒙，導致我覺得「自己又陷入泥淖之中了~」而回到憂鬱狀態。

參加研討會產生的狂躁狀態愈興奮，為了回復正常而分泌的憂鬱荷爾蒙就愈多，最後便墜入深淵。

人際關係也是，如果因討好他人而獲得對方溫柔以待，便會非常開心而進入狂躁狀態；但是下個瞬間，只要對方態度稍微冷淡一點，就會覺得好像世界末日。這種情緒轉變是腦內恆定機制的關係，我卻完全沒有發現。

6 怪人不再近身！

心靈的「恆定」機制

不論什麼事都依照「心」的指引生活之後，從前起起伏伏的情緒在我發現時已經消失得無影無蹤。

「心」告訴我：「那種泥淖般的情緒不是你的東西，而是他人植入的感受。」當下，我浮現了佛陀在冥想時，天魔讓他看恐怖的幻覺，打算干擾他的場景。

自己認為「這就是現實啊！」而產生的絕望感，其實是別人的大腦透過大腦網路傳過來的感覺。

大腦會因為這種絕望的痛苦分泌腦內麻醉藥，所以我們就在不知不覺間渴望起「絕望的痛苦」，這是「心」告訴我的。

「這種絕望的感覺不是我的東西」，在明白這點的瞬間，就能從腦內麻醉藥的麻醉效果中清醒。清醒之後，便不再執著於人際關係、才能、知識、金錢、實績等，這些原本認為為了脫離憂鬱狀態必需的東西。

原以為一定要多多累積這些東西，才能脫離憂鬱狀態，。但詢問了「心」之後，就會發現連這些東西也全都是他人透過大腦網路傳過來的幻覺，根本不屬於自己，於是便漸漸從腦內麻醉藥的麻醉效果中清醒了。

恆定指的是「回到中庸」這種特性，過去我一直努力想依靠自己的意志控制它。因此常在憤怒湧上心頭後陷入消沉感到後悔，情緒不斷大起大落，就像搭乘雲霄飛車一樣。

聽從「心」的指引生活之後，「常保中庸」已經成為基本之道。

因此，日常生活也過得非常淡然。

自動運作，避開不愉快的事

當然遇到開心的事還是會開心，不過之後不會再陷入消沉。就算發生不愉快的事，不愉快的情緒也不會持續太久，可以隨著時間自然回復到原本的中庸。

情緒的根基是中庸，而開心時就感到開心，不愉快時也會適度地感到「不愉快」。

情緒是維持我們感受到的原貌漸漸流逝，因此會適度地避開不愉快，往開心的方向流去。雖然流向會漸漸往開心的方向前進，但因為當事者常保中庸，所以也會覺得「那是理所當然的」。

當適度感受到不愉快的感覺，就能自然避開不愉快的方向，不再深陷不愉快的情緒中，可以常保「自由」地活動。這也是聽從「心」的指引後內心的自動運作，所以當事者幾乎不會察覺。

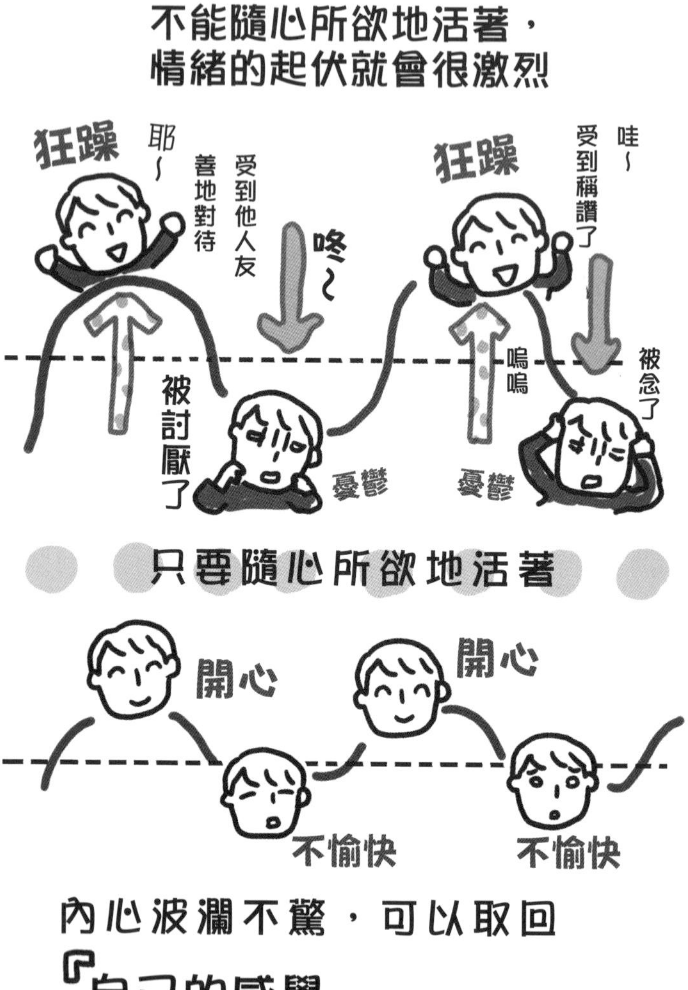

聽從心的指引生活，便可以「常保中庸」

只有一件事是當事者可以察覺的，那就是「令自己不愉快的人不會在腦海中打轉」。

在擁有這種恆定性之前，經常會在意某個令自己不愉快的人，他的一言一行在腦海中揮之不去，因而感到憤怒，或是腦內無法停止自我反省「是我做了不好的事嗎？」。「心」的自動運作可以避開不愉快，既不會接近那樣的人，在自己腦中揮之不去、不愉快的人也不再接近自己，很不可思議。

擁有恆定性之後，彷彿噴了防蟲噴霧，令人不愉快的人會忽略自己，轉而向其他人散發不愉快。看到這樣的情景，還會忽然覺得有些懷念呢。

明明以前總是覺得「為什麼只有我會被怪人纏上？」在連續幾次被忽略之後卻又會感到有點寂寞呢，真是不可思議。

7 邁向沒有無意義權力關係的世界

以前總是在意他人眼光，搞得自己很緊張

我從孩提時代起就總是因為在意其他人的眼光而處於緊張狀態。

放學後在點心店買點心也是，付錢時心驚膽顫，害怕被母親看見會被罵「怎麼把錢花在這種沒有用的地方。」

回家之後因為浪費錢的罪惡感而戰戰兢兢，這種害怕的樣子受到直覺敏銳的母親逼問，找藉口時前因後果又兜不上，最後被發現其實是在點心店花掉了零用錢，

母親生氣地罵道：「你說謊騙我！」

因為在意他人眼光「不知道對方會不會責怪自己、對自己生氣」，同時感到害怕，所以不管做什麼都無法樂在其中，但又擺脫不了這樣的壞習慣。

理當不會想去做會產生罪惡感的事才是，但卻又沒有辦法克制自己不去做。雖然打從心裡想著「我不想再做這種事了！」最後卻還是克制不了，變回那個很沒用的自己。

自從加上「心」這個識別語，呼喊「心啊！」進行自問自答之後，我開始從「心」那裡得到有趣的答案。

深夜結束工作筋疲力盡回到家，責怪自己的那些人的臉孔盤旋在腦海中，為了轉移注意力，結果吃了零食；雖然明知吃下去會後悔，卻還是管不住自己的嘴。

我問道：「心啊！我現在想要吃零食嗎？」結果「心」回答我：「那不是你的感覺。」

「咦？心啊！如果不是我的那會是誰的感覺？」我問。就在下一秒，浮現出母親的身影，出現「這孩子背著父母，卡滋卡滋地吃著零食」這句話。

小時候即使充滿罪惡感，也無法克制自己買點心的那種悲慘感受再次席捲而來。

「心啊！那種感覺也不是我的東西嗎？」我這樣問，「心」告訴我：「這是你受到支配被迫產生的感覺。」**我一直自責「無法克制的自己很糟糕」，其實這不是我的感覺，而是支配我的人的感受傳到我這裡來了，這是「心」告訴我的。**

不再害怕任何人

不論和誰在一起，我總是覺得自己會做出奇怪的事，導致受到對方責難。所以不論和誰在一起，我都無法安心，總是害怕他人。

以前在公司上班時，曾經因為在會議上說了奇怪的話，而受到大家的白眼，搞得自己陷入坐立難安的窘境。

我對那些白眼以待的人感到憤怒，很想朝著他們大吼：「你們什麼都不做，只會在那裡批評別人！」

但是我知道，如果真的說了這些話，只會顯得自己更加悲慘。我只要想著這個時候，我戰戰兢兢地確認道：「心啊！剛剛大家是不是對我感到失望，並向我翻白眼？」

結果「心」告訴我：「你只是被植入了幻覺。」

我再繼續追問「心」，結果「心」告訴我，這只是主持會議的老闆創造出「我最厲害，你們全都是廢物」的幻覺，並植入大家的想法中。

結果整件事單純只是我落入老闆創造的幻覺裡，產生了自己非常悲慘的感覺。

「心啊！對於老闆植入的這個幻覺，我該怎麼做才好？」我問。於是「心」告訴我：「忽略它就好了。」

雖然我不知道該怎麼忽略，但是我抬起眼看著大家，結果就不再感受到剛剛那種冷淡的眼神了。

我認真思考大家該如何突破老闆創造出來的這種異樣氣氛。一想到「大家都是受到老闆支配的同伴」，總覺得有點欣慰。

從幻覺中解脫後，大家都是和我一樣的同伴。

每當我陷入恐懼或不安中，只要向「心」詢問，幻覺就會慢慢解開，展開在眼前的是不害怕他人的寬廣現實世界。

大家只是和我一樣被植入幻覺而感到恐懼。只要聽從「心」的指引，從幻覺中脫離，就可以感受到「一體感」。可以安心和大家在一起的「一體感」令人感覺非常舒服！

成為真實且幸福的自己

詢問「心」：「這種被瞧不起的感覺是我的感覺嗎？」「心」告訴我：「不是！」

這種感覺是將我放在他自己之下，意圖支配我的人傳來的幻覺。以往總覺得幻覺等同現實，接近自己的人都是為了利用自己、隨意使喚自己的人，或是背叛自己、想陷害自己的人。

聽從「心」的指引脫離幻覺的世界後，不知不覺間就漸漸遠離了那些人，信賴且傾慕自己的人也開始接近自己。

即使優秀的人接近自己，我還是因為過去飽嘗痛苦的經驗，無法馬上相信他們。我因此向「心」詢問：「心啊！我可以相信這些人嗎？」結果「心」回答：「不需要去想相信或不相信，你只要做你自己就可以了。」內心的聲音浮現出類似這種想法的瞬間，我恍然大悟：**「啊！我又開始在想該如何付出才能讓對方喜歡我了！」**

過度付出超過必要限度的話，便會產生上下關係，無法感受到「一體感」。能夠讓我做自己的人，我們之間才是對等的，才是在一起時能夠獲得「一體感」的對象，「心」再一次讓我察覺到這件事。

不需要刻意在意對方，自由自在做自己時這種舒服的感覺；加上願意接近真實的我，且一起樂在其中的對象，我們相處的時光閃耀著無比光輝。

這種美麗的光輝在我內心慢慢累積，填滿了我的人生。

因為擁有這些光輝，我不再需要害怕黑暗。

有光就有影。

為了活在這些光輝之中，也許過去的那些黑暗都是必要之惡，我現在會帶著懷念這麼想。只要想到這些事，我的臉上便不由自主綻開笑容。

你的感受不是你的感受：
找回心靈自由，不受他人左右的「自我暗示」練習
「いつも誰かに振り回される」が一瞬で変わる方法

作者　大嶋信賴
譯者　林佩玟
執行編輯　顏妤安
行銷企劃　高芸珮
封面設計　Ancy Pi
版面構成　賴姵伶
發行人　王榮文
出版發行　遠流出版事業股份有限公司
地址　臺北市南昌路 2 段 81 號 6 樓
客服電話　02-2392-6899
傳真　02-2392-6658
郵撥　0189456-1
著作權顧問　蕭雄淋律師
2019 年 7 月 31 日　初版一刷
定價新台幣 280 元

ISBN　978-957-32-8608-0
遠流博識網 http://www.ylib.com E-mail: ylib@ylib.com
（如有缺頁或破損，請寄回更換）

'ITSUMO DAREKA NI FURIMAWASARERU' GA ISSHUN DE KAWARU HOHO

國家圖書館出版品預行編目 (CIP) 資料

你的感受不是你的感受：找回心靈自由，不受他人左右的「自我暗示」練習 / 大嶋信賴著；林佩玟譯 . -- 初版 . -- 臺北市：遠流，2019.07
面；　公分
譯自：「いつも誰かに振り回される」が一瞬で変わる方法
ISBN 978-957-32-8608-0(平裝)
1. 暗示
175.8　　108010866